教育部人文社会科学青年基金“哲学视域下的证据本性问题研究”
（18YJC720018）；
浙江工业大学人文社会科学基本科研业务费优秀青年学者专项
“证据的多元主义研究”

浙江省舆情研究中心
ZHEJIANG CENTER OF PUBLIC OPINION AND RESEARCH

舒卓 著

证据究竟是什么？

关于证据本性的哲学考察

中国社会科学出版社

图书在版编目(CIP)数据

证据究竟是什么?:关于证据本性的哲学考察 / 舒卓著. —北京:中国社会科学出版社,2024.6
ISBN 978 -7 -5227 -3562 -7

Ⅰ.①证… Ⅱ.①舒… Ⅲ.①证据—研究 Ⅳ.①D915.130.4

中国国家版本馆 CIP 数据核字(2024)第 100033 号

出 版 人 赵剑英
责任编辑 刘亚楠
责任校对 张爱华
责任印制 张雪娇

出　　版 中国社会科学出版社
社　　址 北京鼓楼西大街甲 158 号
邮　　编 100720
网　　址 http://www.csspw.cn
发 行 部 010 -84083685
门 市 部 010 -84029450
经　　销 新华书店及其他书店

印刷装订 北京市十月印刷有限公司
版　　次 2024 年 6 月第 1 版
印　　次 2024 年 6 月第 1 次印刷

开　　本 710×1000 1/16
印　　张 12.25
插　　页 2
字　　数 216 千字
定　　价 78.00 元

凡购买中国社会科学出版社图书,如有质量问题请与本社营销中心联系调换
电话:010 -84083683

序　言

阅读舒卓的《证据究竟是什么?：关于证据本性的哲学考察》，带给我的是一连串的惊喜。

十年前，舒卓是我在广州中山大学哲学系指导的博士研究生，其博士论文的选题是关于当代知识论中的证据及证据主义研究。我们时有讨论，一起研读文献，外出参加学术会议，合作撰写过几篇论文。本书涉及的许多重要论题，以及我们尝试提出的解题思路和基本学术观点，大体上是那时形成的。他顺利获得博士学位之后到了浙江工业大学任教，我不久后也离开了中山大学来到厦门大学。因为种种原因，我几乎完全脱离了对这个领域的关注和探索，而舒卓则一直在独自坚守和推进，这部专著是他积十年之功而完成的阶段性成果。他的持久专注和锲而不舍的探究，令我们之前的初心和企望终于得以（部分地）修得正果，这是令我深为感佩和欣喜的。十年前，如果说我们有了一树的花骨朵，满怀憧憬，如今经过舒卓坚持不懈的辛勤培养，已是硕果累累，尽管距离成熟并可采摘收获，还尚需时日，有待进一步的打理和经营。

正如标题所示，本书聚焦的问题是：证据究竟是什么？这是关于证据之本性或本质的哲学探究，力图回答证据之所以能成为证据，在本体论或所谓形而上学意义上究竟需要具备何种条件，证据得以存在和确立的最为基本的形态究竟是什么。证据是常识和日常用语中屡见不鲜的词汇，也是司法、医疗和科学研究等专门领域极为倚重的概念，虽然证据也是认识论和科学哲学等学科的基本概念之一，但“证据究竟是什么?”这个问题却长期被哲学研究所忽视。这种状况直到最近才有所转变，在当代知识论的研究中，关于证据本性的探讨在近十余年终于浮出了水面，引起了哲学家的关注。

本书在“破”与“立”两方面均有建树。在“破”的方面，对当今知识论领域的两种主要学说进行了有力的批判。其一是关于证据本性的命题说，即证据是某些特定的命题；其二是关于证据本性的心理主义，即证据是某些类型的心理状态。尽管这两种学说均有不少拥护者，其中不乏当今学界的重量级人物，但正如舒卓在书中梳理并分析的，它们自身仍疑窦丛生，难免左支右绌，更为致命的是，这两种学说不仅与常识和日常语言关于“证据”一词的许多理解和用法不符，也严重脱离司法、医疗和科学研究等最为注重证据的专业部门对证据的基本要求和相关实践，因而发展关于证据本性的健全且合理的哲学学说就有必要另辟蹊径。于是，在“立”的方面，本书提出了一种新的学说：关于证据本性的物理痕迹论，即证据本质上是物理或物质的，是物理层面的相互作用所遗留的痕迹或印记，而基于这类痕迹的意义和信息可以为推理、辩护以及支持或反对相关假说和理论提供实质性的内容。产生这个想法或许并不是特别困难，难的是发展出一整套的学说，并有力回应可能需要面对的非议和挑战。舒卓在本书中做了有益的尝试，在我看来取得了关键性的进展，使得这一关于证据本性的新学说已初具模样，并且回应和处理了一种有趣且很有针对性的重要挑战，展示了高超的专业素养和鲜明的创新意识。

舒卓的学术训练背景是当代分析哲学的，这本书的写作风格也是典型的分析哲学格式：文字质朴，注重概念分析和逻辑分析，以逻辑论证和推理为核心，全书的运笔和叙述却并不显得沉闷和繁琐；相反，笔调生动，言简意赅，是本书值得称道的优点。所针对的读者群首先是中外的专业同行，因而夹杂了许多“行话”和专业术语，这是为了有助于内行看门道。对于外行而言，也可以津津有味地看个热闹，提纲挈领地了解当今分析哲学知识论研究前沿的探索与争鸣，并做出自己的评判。在本书中发展的新学说还需要经受国际同行的审视和评判，在质疑和挑战中逐步丰富和完善，并赢得同道的认可和支持，这是接下来需要努力的方向。

朱　菁

厦门大学哲学系主任，教授

2024 年元旦

目录

CONTENTS

导　　言

第一节　为什么这是一个哲学问题?

什么是证据？或者说证据的本性是什么？这就是本书尝试去理解并回答的问题。证据并不是专门的哲学术语，它在人类活动的各个领域被广泛使用。法律工作者、历史学家、科学家等，这些人使用证据一词的频率甚至高过哲学家。对普通人而言，证据也不是什么陌生拗口的概念，好像所有人都对证据内涵有着清晰的认识。然而，正像奥古斯丁对时间概念的观察：

> 那么时间究竟是什么？没有人问我，我倒清楚，有人问我，我想说明，便茫然不解了。（奥古斯丁，2009：258）

同样，想要回答证据是什么，也不是一件容易的事情。事实上，人们对于证据的许多认识是互相矛盾的。很多本体论上非常不同的东西都被当作证据。

a. 在法律的研究与实践中，证据法是法学理论的重要组成部分。一把带有疑犯指纹的尖刀，这通常被认为是非常好的证据，足以给疑犯定罪。证据在这里是一个物理事物，能够装进证物袋之中。

b. 在各式各样的科学活动中，科学家们通过系统性观察和受控实验去搜集证据，由此支持或反驳相关假说。比如，1919 年，爱丁顿（Arthur Eddington）观测到光线在接近太阳时会发生偏折，这是爱因斯坦的相对论得以成立的重要科学证据。

c. 历史学也是一门高度重视证据的学科。历史文本是重要的历史证据，有时甚至是唯一的历史证据。《史记·秦始皇本纪》中的文字，是后世了解秦始皇生平的重要证据。

d. 经济学家经常援引国家统计局的统计数据作为证据，比如 2023 年上半年，中国 GDP 为 593034 亿元，按不变价格计算，同比增长 5.5%。这是我国经济运行呈现恢复向好态势的有力证据，有力驳斥了各式各样的中国衰退论。

e. 日常生活中，证据也是一个常用的概念。人们会援引自己的感觉经验作为证据，比如感觉到冷，这是气温下降的证据。

一把带有疑犯指纹的尖刀、光线偏折现象、《史记》中的一段文本、国家统计局给出的统计数据、对气温冷暖的知觉，这些东西统统都被当作证据，但是它们之间似乎并没有什么共同之处。为什么它们都被当成证据？或者说，是什么使得它们能够成为证据？

在这里，哲学家的任务就是在整体上理解把握这些彼此之间看来差异极大的对证据的看法，并给出统一的说明——证据究竟是什么。这样的任务是在各种专业学科之外的：法学只关心法学证据，科学只关心科学证据，历史学只关心历史证据等。正如科学哲学家库恩所言，在一门学科的草创之时，学科的创立者才会去思考各种基础的认识论问题。比如说，到底什么东西才是这门学科的合法证据。这里可以回想一下物理学、心理学等的发展。但是，一旦学科成熟，这些基本问题就会被学科内的研究者所忽视（库恩，2022）。这就为哲学工作者留下了这么一片公共的领地。何以法学证据、科学证据、历史证据都是证据？证据究竟是什么？这些问题并非空中楼阁，也并非没有意义。

在这片哲学的合法领地，哲学家们的成果如何呢？只能说，哲学家的研究也有头重脚轻根底浅的弊病。哲学家对于证据的研究可以说是非常充分的，但是这些研究基本都是聚焦在证据关系问题上，即证据与信念、证据与假说（或理论）之间到底是一种什么关系。部分哲学家主张，这种关系是逻辑的，即证据必须能够逻辑蕴含信念，欧几里得几何学是这部分哲学家心目中的证据关系典范。另一些哲学家则不要求那么高，只需要证据能够提高假说为真的概率即可，卡尔纳普是这一派哲学家的代表。还有一些哲学家主张，证据与假说之间是最佳解释的关系，假说是证据的最佳解释的一部分（McCain，2017）。无论如何，他们都预设了这样一个立场：证据总是其他什么东西的证据，因此证据其实就是证据关系（evidence of）。对证据本身的理解一直没有受到应有的重视。这种思路有其合理的地方，但它肯定不是证据研究的全部。

普通人对证据有其直觉的见解，各个学科对于证据亦有各自的理解，哲学家们对于证据的本性也莫衷一是，各执己见。这种状况表明，人们对于证据到底是什么，并没有清晰的答案，进一步的研究是非常有必要的。哲学研究中，也很难找到与“证据”同等重要的概念。英国哲学家艾耶尔有言，研究哲学其实就是研究证据。

> 对我来说，如果要找一个短语来概括哲学的发展阶段，那么“证据研究”（the study of evidence）比“语言研究”（the study of language）要合适得多。（Ayer，1982：18）

明确证据的内涵，并规定其具体的使用方式，这是哲学工作者理所当然的任务。证据本性问题与许多证据问题密切相关，如果我们不清楚证据到底是什么，那么那些研究即便不是空中楼阁，也是无源之水。

1. 证据关系。如前所述，不同哲学家对于证据到底是怎么支持（或反对）假说的、它们之间是什么关系，一直处于激烈交锋之中，并没有统一的意见。证据本体论的考察，即使不能直接解决证据关系问题，也可以为此打开一些新鲜的视角。

2. 认知辩护问题。多数哲学家都会同意，证据能够辩护信念。证据主义者甚至主张，只有证据能够辩护信念，证据是唯一的辩护要素，其他东西都是与辩护无关的。如果我们缺少一种关于证据本性的主张，那么证据主义也不可能是完整的。

3. 怀疑论问题。对于证据本体论的不同主张也可能会引发或平息怀疑论。设想你的缸中之脑[①]同伴，它被超级计算机“喂食”了和你一样的经验感受。并且，你们的记忆也是相同的，也在进行相同的推理活动。在此基础上，如果你相信你和你的缸中之脑同伴有相同的证据，那么你就不太容易说明自己为什么不是缸中之脑，怀疑论是这种证据观的自然产物。如果我们持有一种非心理主义的证据观，也就是说你和你的缸中之脑同伴在证据上并不一致，而是有重大差别，那么怀疑论问题也就迎刃而解了。

由此可见，证据在哲学研究中占据了一个非常重要，甚至可以说是中心的位置。不同哲学家如果采取不同证据本体论主张，很可能就会彻底改变其哲学立场。这也是本书的价值和意义所在；至于本书做得如何，那就只能有待读者的评价了。

第二节　哲学史中的证据

在这一部分，将简单回顾一下哲学家们对于证据本性的理解。这些理解大多散落在他们各自理论体系里面，是其重要的一环，但也仅仅是其重要的一环，本身很少被拿出来单独讨论。

第一位值得一提的哲学家是罗素，在他的心目中，最适合证据的本体论承载者是感觉材料（sense data/the given）（陈波，2020）。什么是感觉材料呢？它是人们在感知觉活动中直接认识到的内容。设想你围着面前的一张桌子转，你看到它是棕色的，摸上去是光滑的，闻上去没有什么味道，用手指敲一敲会有沉闷的咚咚声。那些你摸到的、看到的、

① 缸中之脑最早是由美国哲学家希拉里·普特南（Hiliary Putnam）在其1981年出版的著作《理性、真理与历史》中提出来的，它可以看成是笛卡尔恶魔论证的现代版本。

闻到的、听到的就是感觉材料。在罗素看来，感觉材料在认识论地位上是最基础的。你围着一张桌子转动，你看到的东西可能并不相同，也就是说你有很多不同的感觉材料。至于那张桌子，是你在感觉材料的基础之上推论得出的，而不是直接认识到的。由于它是推论，所以可能你面前其实并没有什么桌子，你只不过是被愚弄了而已（再一次设想一下无所不能的笛卡尔式恶魔）。感觉材料则不同，不管恶魔如何厉害，如何无所不能，它没法愚弄你的“感觉”。你就是感觉到了如此这般的感觉材料。

按照这幅图景，证据或者说最终的证据就是感觉材料。在感觉材料的基础上，人们构建整个外部世界。按照同样的思路，罗素区分了两种知识，一种是亲知知识（Knowledge by Acquaintance），另一种是描述性知识（Knowledge by Description）（郁振华，2010）。亲知知识就是关于感觉材料的知识，它有一个很重要的特性就是认知者原则上不会犯错；描述性知识则是建立在前者的基础之上的。感觉材料时期的罗素是典型的经验主义者，尝试从感觉经验出发构建整个外部世界，但是这个尝试往往最终趋于失败。不得不说，这是一个非常重要的尝试，在今天仍有其重要价值，也有不少后继者。

卡尔纳普是逻辑实证主义的代表人物。他最初的想法与罗素基本是一致的，即证据是那些认知者能够直接把握的、不可错的经验感受内容（卡尔纳普，1985）。他曾经尝试用某种现象语言来表达感觉材料，并以此为基础构建整个外部世界。但是，这种尝试最终走向了失败。感觉材料的一个特性就是，它是依赖于认知主体的、是私有的（private）。你感觉到的冷和我感觉到的冷是一回事吗？你看见的红色和我看见的红色是一回事吗？感觉材料理论没法给出肯定的回答。由此，它们没法真正构建起一个客观、实在的外部世界。由证据驱动（evidence-driven）的科学活动的客观性也很难得到保证。证据应该是客观的，具有主体间性（inter-subjective），它是认知者可以共同拥有的东西。

后期卡尔纳普相信证据是由一些限定的词汇组成的观察语句（protocol sentences)。比如说，这朵花是红色的，这张桌子很硬等。这些观察语句是可以直接用感觉经验去检验的。和观察语句相对应的是理论语句（theoretical sentences)，例如电子是带负电荷的基本粒子，宇宙的膨胀是由最初的宇宙大爆炸驱动的等。理论语句没法直接得到感觉经验的检验，人们只能用观察语句去间接检验理论语句，观察语句也因此为理论语句提供认识论上的辩护。卡尔纳普等逻辑实证主义者还有一个更雄心勃勃的还原纲领。所有理论语句都可以以某种形式还原为观察语句。例如电子是带负电荷的基本粒子，这个理论语句能够被还原为一系列观察语句，云室的轨迹、阴极射线在电磁场中的偏折等。这一点也和其意义理论相互支持。一个语句是有意义的，要么它本身就能够被经验检验，要么它是分析的。这种还原论的雄心后面基本破灭了，许多理论语句抗拒各种各样的还原。各种理论语句构成一个网络，它们互相支持，并获得意义。蒯因的整体论思想就是对还原论的经典批评。

蒯因吸纳了前人理论中的经验主义的成分，继续发展形成了自然主义的看法。他主张，证据不是什么主观、私有的感觉材料，也不是由特定词汇组成的观察语句，那些都还不是最基础的。认知主体生活在真实世界中，各种感知觉接收器（receptor）不断受到各种各样的刺激(stimuli)，这些物理刺激是最终的基础，人们正是在这些物理刺激的基础上构建整个外部世界。

> 某人感觉器官受到的刺激是他最终形成自己对世界看法时所依据的全部证据。(Quine，1969：75)

1995 年，蒯因出版了著作《从刺激到科学》（*From Stimulus to Science*)，其主旨就阐示了这种想法。在蒯因那里，仍然有观察语句（observation sentences)，但是这些观察语句是对物理刺激的一种反应（response)，并不像逻辑实证主义者默认的表征。蒯因的目的并不是想要为科学奠定基础。从物理刺激到语句，这个过程并不简单。至少这里不会有什么一一对应，即一个物理刺激对应一个语句。蒯因是一个整体论者，我们的信念系统是一个整体，如果其中某些信念与物理刺激并不一致的话，那么可以有多种调整方式。在此意义上，物理刺激和语句之间并没有对应的关系。如果非要用对应来谈论的话，那就是一个物理刺激可以和多个语句相对应，一个语句也可以和多个物理刺激相对应。

更重要的是，在理解刺激的活动里面，科学本身就参与进来了。

> 一种自给自足的刺激语言来作为科学的基础？这种想法早就已经丧失了它的吸引力。科学理论本身就参与到刺激的理解之中来了。比如，联系过去刺激与现在刺激的记忆里面就有不少科学预设，包括物理世界的对象和事件等。（Quine，1997：15）

最后，笔者想简单谈一谈英国语言哲学家约翰·奥斯汀（John Langshaw Austin）对证据的想法。奥斯汀的想法和前面的哲学家都不一样，是一种根本性的背离。他对于有什么东西可以承担证据的想法提出了质疑；如果他是对的，那么这本书可以说就只能是批评，不能是建设。他的批评有以下两点。

一　有些陈述压根就不需要证据。

> 我说某个动物是猪，在什么情况下适合我有这么说的证据？例如，我看不见那动物本身，但我能看到外面的地上有好多像猪蹄印的印子。要是我发现三两桶猪食，那是更多的证据，哼哼声和味道会提供更好的证据。但若这家伙冒了出来，就站到我眼皮底下，那就不再谈得上搜集证据了；它站到眼前并不向我提供它是猪的更进一步证据，我现在能看到它是猪，问题已经解决。（奥斯汀，2010：223—227）

奥斯汀是在语言活动中观察“证据”概念的使用的，这可以说是一种关于概念的人类学。确实，如果有一只猪在我面前，那么根本毫无必要再谈论相关的证据。我们并不总是需要证据。哲学家尝试为所有语句都提供证据的想法显得和日常语言实践格格不入。

二　视环境适当与否，任何类型的陈述都可以为其他任何类型的陈述提供证据。

> 我认为这只动物要吃甜菜可以根据多数猪吃甜菜……在不同条件下，我可能说反正这头猪吃甜菜，以此支持多数猪吃甜菜这个主张。（奥斯汀，2010：225）

奥斯汀的想法很有创见，但笔者不打算遵从。事实上，这种想法也没有得到多数哲学家的遵从。哲学活动并不只是考察语言是如何使用的，就像多数语言学家所做的那样，哲学活动也是一种构建理论的冲动。有什么东西作为证据，由此构建整个世界。如果有哲学，那么这种活动就不会停歇。日常的语言实践并不是哲学的最终评判基准。

以上只是简单介绍了一些基本的证据本性立场。事实上，还有其他许多主张没有被列入。比如说，主观贝叶斯主义者会把那些心理确定（psychological certain）的信念当成证据。不同的哲学家会由于不同的立场，基于各自的需求，对证据本性给出适当的规定。无论如何，这些讨论让我们清楚看到，无论哲学内外，对于证据本性远未达成一致。还有一点就是，他们都没有直面证据本性问题，证据是什么这个问题并不是孤立的，而是隐藏在他们的理论内部的。现在，是时候从各个哲学家的理论中跳脱出来，追问证据本身到底是什么了。

第三节　基本问题与框架

当代哲学家继承了以往哲学家们对证据理解之精神内涵，但在表现形式上有不小的差异。他们试图直接回答证据究竟是什么，而不只是作为整个哲学思想的一个部分。可以这么说，他们重新发现了证据的本性问题，并以独特的方式加以呈现，供人思索。这一部分将简单介绍一下当代证据本性研究的情况，主要涉及各种相互对立的立场。

一　证据一元论与证据多元论

证据是单纯的一种东西，还是由多种东西构成的？根据对这个问题的不同回答可以区分证据多元论和证据一元论。证据具有多种基本认知功能，包括辩护信念、规范认知合理性、引导人们获得真理，以及平息认知分歧等（Kelly，2016）。单纯一种事物恐怕难以实现所有这些功能。由此，证据多元论者就主张，证据其实是多种事物，而不是单纯一种事物。派特里克·瑞西尤（Patrick Rysiew，2011）是这一派的主要代表人物。在他看来，证据首先是一个功能概念，是使得其他某物变得清晰（make it evident）。因此，根据语境不同，证据可以是不同的东西，这种想法与前面提及的奥斯汀的思想有某些共同之处。

但是，不管如何，证据一元论仍是哲学家们的首选。如果有某种东西能够满足所有的证据功能，并且只有这种东西可以，那么证据就是这种东西。证据多元论更多的是退而求其次、不得已的选择。这种想法背后可能是哲学家对简单性与普遍性（Simplicity and Generality）的偏好。正所谓“如无必要，勿增实体”。

二　证据命题主义

证据是命题吗？威廉姆森（2013）是这种立场的首要支持者。证据与它所支持的理论、假说或信念之间往往是逻辑、概率或解释的关系，然而通常认为只有命题之间才会有这些关系。因此，命题主义者主张，证据只能是命题。当然，也有不少哲学家对此持反对意见。费德曼与科尼（2008）就认为，命题不过是表征证据的工具，但它不是证据本身，并且命题之外的其他事物也可以具有逻辑、概率或解释的关系。

证据命题主义也是当前哲学理论界主要的两种证据本性理论之一（另一种是下面要提到的证据心理主义）。因此，这里简单梳理一下威廉姆森的论证及看法，相关的内容会在本书第一章证据命题主义中得到更好的呈现。

需要说明的是，威廉姆森主张，证据只能是命题。这不过是他的整个宏大论证的第一部分，他的最终结论是证据是认知者知道的命题，即知识。这也就是其重要主张证据即知识（E = K）。威廉姆森的完整论证如下：

1. 所有证据都是命题；
2. 所有命题证据都是知识；
3. 所有知识都是证据；
4. 因此，证据即知识。

具体内容可以参考威廉姆森《知识及其限度》（2013）的第四章。笔者在这里只打算考察这个论证的前提 1，即所有证据都是命题。

威廉姆森发现，人们对于证据的直觉理解非常杂乱，有些甚至互相矛盾。许多本体论上非常不同的东西都被当作证据。面对这种状况，有必要仔细考察、整理证据概念的各种使用方式，并从中识别出证据的不可或缺的核心功能；其他理解或者是补充性质的，或者压根就是错的，缺乏那些核心功能的对象就不可能是证据。接下来，再去看到底有什么事物能够实现这些功能，这样一来，结论也就呼之欲出了。证据就是这些能够实现证据核心功能的独特事物。威廉姆森的这种论证策略可以说是哲学论证的典范。哲学家不是语言学家，他的工作不是要没有遗漏地搜集各种证据相关的语料；哲学家也不应该是生造概念的“空想家”。哲学必须与科学、与日常生活具有深厚的联系，但又不被它们所贬抑，这是一种看待世界、观照世界的特殊方式。

威廉姆森主要是从推理活动（inference and reasoning）来理解证据

的。一般而言，推理都是以证据为前提，以假说或理论作为最终的结论。从证据到假说，常常也就是一个最佳解释推理的过程，假说必须能够为证据提供解释。以刑侦案件为例，“凶器上有 M 的指纹”，这是“M 是凶手”的强有力证据。“M 是凶手”这个假说能够很好地解释“为什么凶器上会有 M 的指纹”，毕竟凶器上不会平白无故出现他的指纹。如果没有其他更好的解释，那么 M 就是凶手无疑。由此可见，证据必须能够参与推理，并被假说解释，这是证据必须具备的核心功能。

接下来的问题就是，什么事物能够参与命题推理，并被假说解释呢？威廉姆森认为，只能是命题。我们要解释的并不是凶器或指纹，它们并不能参与推理，真正参与推理的是命题“凶器上有 M 的指纹”。凶器或指纹能做的是为人们提供各式各样的命题，但本身并非命题式的，也就不能参与推理。

与此类似，威廉姆森进一步论证了证据还必须能够被赋予概率，能够排除与它逻辑矛盾的假说。而这些功能，通常而言，都是命题所特有的。由此，他得出了最终的结论，证据只能是命题。

威廉姆森的想法在英美哲学界得到了一定程度的认同。邓肯·普里查德（Duncan Pritchard）、特伦奇·多尔蒂（Trent Dougherty）、克莱顿·利特尔约翰（Clayton Littlejohn）及拉姆·内塔（Ram Neta）等哲学家纷纷撰文表示支持证据命题主义。尽管他们各自的理由、论证以及最终的结论并不全都相同，但大致上接受了威廉姆森的论证框架和思路。对此持负面立场的主要是前面提到过的费德曼与科尼，以及凯文·麦凯恩（Kevin McCain）等。他们认可威廉姆森对证据所做的功能分析，但不认为只有命题参与推理，并满足那些条件。假说解释的完全可以不是命题，而是事实（事态）、事件、事物的属性、事物或事件之间的关系等。威廉姆森的论证并不能排他地得出证据只能是命题的主张。

国内学者对威廉姆森并不陌生，他的重要著作《知识及其限度》也已经翻译成中文。但是，目前为止，大部分研究者都聚焦于他的证据等于知识的主张。然而，这些研究不够精细，并没有深入威廉姆森理论的内部。这也是本书的价值之一。证据只能是命题是证据即知识的重要构成部分，也是论证的第一步。哲学领域之外，法学界也注意到了证据与命题之间的紧密联系。（张继成，2001；2011）

在笔者看来，证据只能是命题，这种主张面临的主要挑战是，该想法与其他学科或日常生活对证据理解的差异太大，更像是逻辑学家、哲学家们自娱自乐的思想游戏。人们通常只是把命题当成是描述或表征的工具，而不是证据本身。另一方面，命题本身到底是什么也存在很大的争议。它是客观的、独立于心灵的，还是主观的、依赖于心灵的等。哲学家们对此尚无定论。作为证据的命题势必是真的，或者高概率为真，那么它们的真是基于什么的？人们接受命题作为相应证据，这又是如何得到辩护的？证据命题主义很难恰当地回应这些问题。

三　证据心理主义

证据是心理状态吗？这个问题初看起来颇为古怪，证据怎么可能是心理状态呢？它的支持者主要是一批认知辩护的内在主义者，包括证据主义的代表人物费德曼与科尼及其弟子麦凯恩（McCain，2014）。也出于这个原因，证据心理主义往往与证据主义辩护理论联系在一起。证据主义认为，只有证据能够辩护信念，其他要素是完全无关的，例如情感、信念可能带来的后果等。

> 老李偷听到人事主管和老板的闲聊，新来的员工小丁将会被提拔成销售主管。因此，老李相信小丁将会成为销售主管，平时对小丁也更加热情。
>
> 小王为求上进，特地到杭州灵隐寺求神拜佛。他特意为自己求了一支事业签，结果是上上签，解签的老和尚愉快地告诉小王，不出一个月，他在事业上就会迎来大发展。小王由此沾沾自喜，相信自己会被提拔。

在上面两类情形中，我们会认为老李的信念是合情合理的，是能够得到认知辩护的；小王的信念则不是。这里面的差别在哪呢？证据主义者的回答是，老李的信念有充分证据的支持，小王的信念则没有。证据与认知辩护，这两个概念是一体两面，想要分开理解它们是不可能的。一个信念获得认知辩护，也就是它得到充分证据的支持。

在此之外，费德曼与科尼还持有内在主义的辩护观。所谓内在主义的辩护观，指的是辩护要素必须是完全内在于认知主体的，或者是能够被认知主体主观通达的（Internally Accessible）。设想两个认知主体，他们的内在心理状态完全相同，那么对他们信念的认知评价也应该是完全一致的。这就要求，证据只能是认知者内在的心理状态的一部分，而且这些心理状态是非事实性的（non-factive），即它们可能错误地表征了外部实在。如果这些心理状态是有命题内容的，例如信念，那么相应的命题并不保真，也可以是假的。

1. 证据就是辩护信念的要素；

2. 只有内在于认知主体的心理状态才能够辩护信念；（内在主义辩护观）

3. 所以，证据只能是内在于认知主体的心理状态。

当然，不是所有的心理状态都是证据。你渴望成为百万富翁（desire），这显然不是你相信自己是百万富翁的证据。费德曼与科尼主张，只有经验感受与信念能够充当证据。具体而言，前者包括感知觉经验、内省经验、记忆经验、推理经验还有一些理性直觉。经验感受作为证据是基本的（ultimate evidence），它本身不再需要其他证据的支持。另外，不是所有的信念都是证据。信念作为证据，要求它本身是得到其他证据支持的。这是一个回溯结构，追根溯源，所有信念作为证据都必须得到经验感受的支持。在此意义上，信念作为证据是衍生的（derivative evidence）。经验感受之所以具备如此特殊的认识论地位，关键在于它是认知者通往真实世界的认知桥梁，外部世界正是以这种方式进入我们的心灵生活。这种想法与古典的经验主义者的主张是一致的，所有知识归根到底都是源自感觉经验的。

在笔者看来，心理主义者的理由主要来自以下三个方面：第一，证据要能够参与信念的形成或辩护，而这些东西都是心理的。第二，证据总是某人的证据，也就是说，证据总是以主观形态出现的。第三，缸中之脑等思想实验中的相关直觉的支持，人们会认为缸中之脑与对应正常人是拥有完全相同的证据的。

费德曼与科尼主要以证据主义知名，他们对证据的理解是其主张的重要组成部分。麦凯恩与他们持相同的证据本性观点，并继续完善和发展了证据主义学说。国内学者中，陈莹曾以《证据与确证：证据主义的认识论重构》（2012）为题撰写博士论文。曹剑波（2010）、陈英涛（2011）等学者对证据主义也有专门的讨论，其中都涉及了证据的本性问题。证据主义心理观也有不少拥趸，包括金在权（Jaegwon Kim）、安东尼·布吕克纳（Anthony Brueckner）、约翰·图瑞（John Turri）等哲学家。但是，这些哲学家并不都是证据主义者，他们更多的是从证据与认知理由的关系上入手的。维利·米蒂奥瓦（Veli Mitova）准确概括了这些心理主义者的基本想法：

> 心理主义者重视这样一个事实：证据是我们用来解释为何某人会相信某命题的东西。既然需要被解释的信念本身是心理对象，更进一步解释它的东西看起来最好也是心理的。（Mitova，2015）

心理主义的理论对手主要有两种。一是命题主义者，它们反对的理由与支持命题主义的理由基本上是相同的。二是认知辩护的外在主义者。虽然这两种立场往往会结合在一起，但这或许只是理论的偶然。

阿尔文·戈德曼（Alvin Goldman）是关于认知辩护的可靠主义的提出者，也是一种典型的辩护外在主义立场，可以说是证据主义的最大竞争对手。在他看来，证据主义的一大弊病就是没有说清楚到底什么是证据。证据主义者一方面主张，所谓辩护，就是获得充分证据的支持；另一方面又主张，所谓证据，就是那些能够辩护信念的东西。这是一个恶性的循环定义，先用证据来理解辩护，再用辩护来理解证据。在戈德曼看来，证据就是那些信念为真的可靠标记（Reliable Indicator），这样的话，证据主义其实是可靠主义的一个变种（Goldman，2011）。

这种内在主义的证据观、辩护观遇到的最大困难是外部世界怀疑论。如果证据只能是那些内在于认知者的心理状态，那么拥有与正常人相同心理状态的缸中之脑，就与正常人所拥有的证据完全相同。进而只能承认缸中之脑拥有与正常人同样的知识，或者正常人与缸中之脑一样不具有知识。内在的心理状态如何为关于外在世界的信念辩护？证据与外部世界之间的鸿沟怎么来填平呢？除此之外，人们对证据的期许也并没有得到满足。经验感受是主观的、私有的，而证据理当是客观的、公共可获得的，能够用来平息认知分歧，达成一致意见。

四　证据必须是真的吗？

证据必须是真的吗？这个问题契合了目前认识论领域所谓的事实主义转向（The Factive Turn）。证据的事实主义者认为，如果证据是命题，那么它必须是真的；如果证据不是命题，而是某些心理状态，那么它们也必须是事实性的（factive）。也就是说，幻觉、错觉等经验感受并不是证据，因为它们不是事实性的。这些经验感受和事实之间，并没有稳定、可靠的关系（Littlejohn，2013；Mitova，2015；Williamson，2000）。

事实主义者主张，只有事实才能够真正支持（in favor of）或者反对什么。例如为什么相信天是蓝色的？因为天事实上就是蓝色的。如果证据本身就是真的或事实性的，那么和它矛盾的信念或命题就是假的，这也能够很好地说明为何证据能够引导人们获得真理，避免错误。此外，其他哲学领域的相关发展也为证据的事实主义提供了支持。在行动哲学领域，只有事实才能成为行动的规范性理由，这是一种颇为常见的立场。如果证据也必须是真的，那么行动哲学与认识论就取得了某种共识，可以更好地互相协调起来。

反事实主义者则认为证据不见得非得是真的。例如，得到辩护的假信念也可以充当证据。这其中的代表人物是亚历山大·阿诺德（Alexander Arnold，2013）。人们总是基于证据去获得知识，证据就是知识的基础。如果这些基础可以是假的，那么证据也可以是假的。这种情况并不罕见。

> 设想甲的手表快了两分钟，现在显示是14∶58。他不知道自己的手表被拨快了两分钟，现在其实是14∶56。甲看了一眼表，相信现在就是14∶58。同时，下午点会议在16∶00开始。由此，他相信下午的会议还没开始。

在这个案例里面，甲知道下午点会议还没开始。这个知识的基础之一是他相信“现在是14∶58”，这是一个错误的信念。如果我们允许来自有些推理知识是来自错误信念的，那么证据也就可以是假的。（王聚，2020）

第四节　本书的结构

本书一共分成7个章节。第一部分是导言，其主要目的在于引出本书的基本问题：什么是证据？以及这个问题有什么样的哲学价值等。第一章介绍了以威廉姆森为代表的证据命题主义，即证据是某些特定的命题。第二章是以费德曼与科尼为首的证据心理主义，即证据是某些内在于认知者的心理状态。这两章在介绍之余，也有充分的批评，其要义在于证据常以命题的面貌出现，但其本身并不见得就是命题。证据应该是一种客观、公共可通达的事物，而不是局限在某个认知者的心理状态之内。这些讨论与批评均指向一种新的证据本性观，也就是本书第三章提出的证据物理痕迹说。证据是物理事物相互作用遗留下来的物理痕迹，人们从这些物理痕迹出发，还原真相。第四章考察了一种可能的反驳意见，即思想实验作为证据。其基本结论是，哲学家对思想实验有多种不同立场，包括怀疑主义、经验主义、唯理主义、实验主义和心智模型观等。除了一种最极端的唯理主义之外，思想实验并不会构成证据物理痕迹说的反例。并且，这种唯理主义本身问题重重，不太可能是真的。第五章考察了一种全新的证据形态：高阶证据，它不是信念的证据，而是悬置判断的证据。第六章和第七章是考察证据的一个扩展或应用，即证据主义。克利福德（William Clifford）与詹姆斯（William James）对“人们应该相信什么”有过一场精彩而又激烈的交锋，充分体现了证据主义之精神内涵。在回顾争论的基础之上，提出了一种广义的证据主义理论。证据不仅仅是现在已有的证据，还需要考察、评估将来可能出现的新证据。第七章为证据主义提供了一个全新的辩护策略，即奠基论证。证据必须能够成为相信的基础，非证据因素无法成为这样的基础。在笔者看来，这是目前证据主义回应实用主义的最佳方案。

各章内容具体如下：

导言 介绍本书的选题背景与研究意义，评述国内外研究现状，并说明本书的研究思路与内容框架。

第一章　证据是命题吗? 证据是哲学研究，特别是认识论研究的核心概念。但是，对其本性的考察一直没有受到应有的重视。证据本身是什么？它是由什么类型的事物构成的？威廉姆森从证据的功能角色出发，首先提出并论证了命题主义：证据是某些特定的命题。对此，一种挥之不去的疑虑是，命题不过是表征证据的工具，而非证据本身。换言之，证据其实是命题所表征的事件、事实或现象等。利特尔约翰与麦格鲁尝试补充威廉姆森的论证，以平息这种疑虑，但都难言成功。更全面的理论权衡也表明，坚持命题主义得不偿失，并不可取。余下有三种可行方案：（1）另寻他物，证据是其他什么东西；（2）多元主义，证据可以是多种东西；（3）取消主义，证据概念含糊不清，严肃的哲学研究理应抛弃之。

第二章　证据是心理状态吗？证据是哲学研究中的一个基本概念。以往对证据的讨论大多聚焦于证据的认识论作用，例如证据如何为确立信念、假说和理论提供支撑，而对证据本性的探讨（证据究竟是什么？什么类型的事物能成为证据？）只是在近年来才逐渐受到重视。证据的心理主义是近来引起较多关注的一种关于证据本性的学说，主张证据是内在于认知主体的某些特定心理状态，尤其是感知觉经验。文章剖析了证据心理主义的立论和主要依据，指出用以支持心理主义的几个主要理由并不成立，而在更一般的意义上，心理主义缺乏成为一个全面的关于证据本性的哲学学说的必要资源。

第三章　物理痕迹作为证据。如前两章所考察的，证据不是某些特定命题，也不是内在于认知者的某些特定心理状态，而是一些特别的物理痕迹。物理事物相互作用，并会留下物理痕迹。这些物理痕迹之中通常包含了有关世界真相的相关信息。从物理痕迹到假说是一个最佳解释推理，也就是说，适当提取或解读物理痕迹之中的信息就能够还原真相。证据通常被认为具有这些功能：（1）它是真的可靠标记；（2）理性的人会根据证据去形成信念；（3）它能够辩护相关信念；（4）它是客观、中立的裁决者，能够平息认知分歧。物理痕迹能够比较好地实现这些功能，足以满足人们对证据的期许，是一种值得考虑的证据本体论主张。

第四章　思想实验：证据物理痕迹说的一大挑战。思想实验是科学家、哲学家惯常使用的一件趁手兵器，它被认为能够支持（或反对）某个假说，因而也是一种货真价实的证据类型。然而，证据物理痕迹说要求，所有证据要么是物理痕迹，要么来自物理痕迹。思想实验是在头脑中而非现实世界中展开的实验，初看起来不会和物理痕迹有什么关联。因此，思想实验给证据物理痕迹说提出了一个严峻的挑战。思想实验是不是证据？如果思想实验是证据，那么它为什么具有证据效力？不同哲学家对这些问题有不同理解，也因此分为（思想实验的）怀疑主义、经验主义、唯理主义、实验主义等。本书主张，除了一种极端的唯理主义立场，思想实验作为证据并不会和证据物理痕迹说冲突。

第五章　另一种证据：高阶证据与认知合理性。证据是哲学研究中的关键概念，它能够支持或反对相关命题（信念），引导我们获得真理。然而，有一种全新的证据类型正浮出水面。它既不支持，也不反对相关命题，而是关于证据与命题之间关系的证据。为有别于一般证据，学界一般称之为高阶证据。既然高阶证据与命题真假无关，那么它还是证据吗？如果不是，那么为什么它可以影响认知合理性；如果是，那么如何理解它才是恰如其分的？事实上，高阶证据是一种货真价实的证据，但它不是相信或不相信的证据，而是悬置判断的证据。最后，索萨的认知表现理论区分了认知判断能力的三个维度：基底（Seat）、状态（Shape）以及环境（Situation）。它可以为理解高阶证据提供基本的理论框架。

第六章　证据与信念伦理学。证据主义要求人们的信念只应当建立在相关证据的基础之上。英国数学家和哲学家威廉·克利福德曾提出："无论何时，无论何地，任何人在不充分证据的基础上相信任何事情，都是错误的。"以威廉·詹姆斯为代表的非证据主义者对此进行了有力的反驳，提出证据并非也不应当成为人们形成信念和判断的唯一准绳。本章审视了关于经典证据主义的这场著名论战，提出一种广义证据主义的立场以容纳非证据主义的合理批评和宝贵洞见。广义证据主义所理解的证据，不只是认知主体已具有的证据，还包括对未来可能出现的新证据的合理评估。与广义证据主义相应的则是一种更为厚重的关于信念的伦理学。

第七章　理由与证据：为证据主义一辩。理性曾被认为是人类有别于其他动物的关键标志，而理由是理性的基本构成要素。如果一个行动或信念是合理的，那么至少得有好的理由来支持它。证据主义者认为，相信的理由就是证据，只有证据能够合理化一个信念。实用主义者坚决拒斥这种想法。他们主张实用因素也能成为相信的理由，在信念的形成与证成中发挥作用。这场争论推进了人们对理由的理解。因果论证与反思论证是支持证据主义的两个基本论证，然而它们都有各自的缺陷，没法彻底击败来自实用主义的挑战。本书提出了一个新的论证，即奠基论证，能够更好地回应实用主义。它的基本想法是信念必须能够基于理由，却没法基于实用因素。同时，这种基于关系可以用干预主义因果理论加以说明。

第一章　证据是命题吗？*

证据在人们的认知生活中占据关键位置，也因此成为认识论研究的核心概念。它被认为是相信的理由与根据，能够支持或反对假说，引导人们获得真理等。那么，证据本身是什么呢？它是由什么类型的事物构成的呢？历史学、法学、医学等专门知识学科对“证据”都有清晰明确的界定。但是，我们还会继续追问：为什么历史证据（如典籍上的只言片语）是证据？为什么法学证据（如一把带血的尖刀）是证据？为什么医学证据（如大样本随机双盲试验）是证据？在此，我们希望获得一种更普遍的理解。这种考察是在专门的学科视野之外的，更基本，也更全面。这也就是所谓证据的本体论问题。

历史上，不少哲学家都曾考虑过这个问题，也给出了许多不同的答案。比如说，罗素就曾主张，证据是认知者可以直接把握的感觉材料（sense data），是由内而外构建整个世界的基本素材。以卡尔纳普为代表的逻辑实证主义者则认为，证据是由某些特定语词组成的观察语句（observational sentence）。而在蒯因那里，证据是认知主体感知器官接收到的各种物理刺激（physical stimuli）（Kelly，2016）。随着研究的推进，这些想法逐渐成为背景，在当代证据本体论讨论中或隐或现。

2000 年，英国哲学家蒂摩西·威廉姆森（Timothy Williamson）出版了他的重要著作《知识及其限度》（2013）。在该书第九章，威廉姆

* 本章的一个缩减版本发表于《科学技术哲学研究》2022 年第 5 期，感谢匿名评审专家提供的修改意见！

森缜密审查了证据在认知生活中扮演的各种功能角色，并在此基础上提出了证据本性的命题主义主张，即证据是某些特定的命题。[①] 一石激起千层浪，命题主义甫一提出，就引起了激烈的争论。一方面，威廉姆森的论证强健有力，似无可辩驳；另一方面，这种主张又与人们对证据的一般性理解相去甚远。哲学论证与常识直觉间的拉扯是这场争论的主要线索。命题主义是对是错？证据到底是不是命题？这就是本章要讨论的问题。

第一节　威廉姆森的决定性论证

证据本身会是什么呢？在威廉姆森看来，对此问题的回答容易陷入两个极端：要么不加区分地记录“证据”一词在日常生活中的广泛使用，要么生造一种完全脱离日常语境的技术化用法。语言学家往往采取第一种策略，部分逻辑学家则乐意走第二种路线。那么，什么才是恰当的做法呢？威廉姆森认为，可以分两步走。首先考察证据概念的广泛使用，并从中提炼出它的核心功能。也就是说，哪些功能是证据必须具备的，如果缺少这些功能，就不再成其为证据。其次确定什么类型的事物能够实现这些功能。这样一来，证据是什么也就水落石出了。威廉姆森的最终结论是，证据只能是命题。他的论证大致可以梳理如下：

1. 证据必须具备功能 X；
2. 具有功能 X 的只能是命题；
3. 因此，证据只能是命题。

---

① 威廉姆森的最终立场是 E = K，证据是主体知道的命题，即知识。他的完整论证如下：1. 所有的证据都是命题式的。2. 所有的命题证据都是知识。3. 所有的知识都是证据。所以，4. 知识就是证据。本书讨论的内容局限在前提 1，即所有的证据都是命题式的（propositional）。威廉姆森没有区分证据是命题式的与证据是命题，在他看来这两者是等价的。

首先来看一下论证的前提 1，证据有哪些核心功能呢？证据总是其他什么东西的证据，换言之，它必须能够支持（或反对）某个假说。这种支持（或反对）是如何实现的，又该怎样去衡量呢？

（1）证据与假说之间往往存在解释关系。也就是说，证据必须能够被相应假说解释。例如，办公室的灯还亮着，这是老王还在办公室的证据。老王还在办公室（假说）能够很好地解释为什么办公室的灯还亮着（证据）。

（2）证据支持假说的强弱可以用概率工具来刻画。条件概率 $P(h|e)$ 常被用来衡量：当前证据下，假说为真的概率是多少。按照贝叶斯公式：

$$P(h|e)=P(e|h)*P(h)/P(e)$$

这就要求，证据 e 本身也是可以有概率 $P(e)$ 的。

（3）少数情况下，证据还可以直接排除假说。此时，证据与假说之间存在逻辑矛盾。比如说，澳大利亚发现了黑天鹅，这个证据就直接排除了假说“所有天鹅都是白色的”。（张丽、熊声波，2018）

由此，威廉姆森就得到了证据的三个核心功能或特征：（1）能够被假说解释；（2）可以有概率；（3）能够排除与之逻辑矛盾的假说。

下面来看前提 2。什么东西既能够被假说解释，又有概率，还能排除与之逻辑矛盾的假说呢？一个自然而然的想法是：命题。那么，什么是命题？在此，并不需要一个充分展开的命题理论。一般而言，命题被认为是真值载体，要么是真的，要么是假的。它也是各种命题态度，如知道、相信等的内容。在英文中，往往可以用 that 语句来指称它。比如说，老李相信“老王是个好人”（Lee believes that ‘Wang is a good guy’）。

当然，前提 2 是需要更多阐明的。为什么只有命题才能被解释？其他东西不可以吗？按照威廉姆森的想法，解释就是要去回答各种为什么：为什么天是蓝的？为什么长颈鹿的脖子那么长？无论如何，最终的回答都只能是以“……因为……”的形式呈现。无论是“为什么”之后的内容，还是“因为”之前和之后的内容，都必须是命题。为什么天是蓝的？天是蓝的，这是因为蓝光最易被散射。其他表达形式都是不合法且古怪的，比如说“为什么天?”“为什么蓝?”“天，这是因为……”等等。因此，被解释项只能是命题。

有时，其他东西也会被当作被解释项。比如说，解释一下“二战”。“二战”这个事件在此似乎就充当了被解释项。威廉姆森认为，这是在特定语境下部分内容被省略的结果。如果不补充上这些内容，就容易被日常语言误导。真正需要被解释的并不是“二战”，而是“二战”的发生，或者是“二战”具有的某种特征等。解释一下“二战”，它的完整表述其实是：

> (a) 解释一下为什么“二战”会爆发；
>
> 或者，(b) 解释一下为什么“二战”迟迟无法结束。

对此，真正的解释会是这样的：“二战”爆发，这是因为德国入侵了波兰；“二战”爆发，这是因为希特勒成了德国领袖；“二战”迟迟无法结束，这是因为日本军政府负隅顽抗等。

同样，法庭上的证物，比如说一把尖刀，也不是真正的被解释项。真正需要被解释的是，为什么这把尖刀上会有疑犯的指纹。

类似地，威廉姆森也说明了为什么只有命题才有概率，才能与假说逻辑矛盾。这样一来，就得到了以下的完整论证：

> 1. 证据必须能够充当被解释项，具有概率，并且可以与假说产生逻辑矛盾；
> 2. 具备上述功能的只能是命题；
> 3. 因此，证据只能是命题。

威廉姆森从平平无奇的前提出发，严密推演得出意料之外的结论，令人耳目一新，可谓哲学论证的典范。然而，命题主义的想法与人们对证据的日常直觉相距甚远。在法庭上，证据是实实在在的物理对象；在科学中，证据是多次重复的实验。尽管这些东西最终都能够用命题来表述，但这不等于说证据本身就是命题。有两种可能：一种是人们对证据的直觉理解是不恰当的，需要彻底扭转过来（Dougherty，2011）。另一种可能是威廉姆森的论证并不成功，他误解了证据的本体论问题。

如果威廉姆森的论证有错，会错在哪呢？论证本身是演绎有效的，如果前提 1 和前提 2 均为真，那么结论也必然为真。因此，要么前提 1 是错的，要么前提 2 是错的。前提 1 是对证据功能的基本刻画。多数哲学家都会认同，证据的确具有这些核心功能。如果 e 是证据，却不满足其中一点（没法被解释，或者没有概率，或者没法与假说逻辑矛盾），这会让人难以接受。问题只能是出在前提 2 上。事实上，绝大多数攻击针对的也正是前提 2。

首先，威廉姆森为前提 2 提供的理由并不是那么强有力的。以条件（1）证据必须能够充当被解释项为例，威廉姆森认为解释就是回答各种为什么，而答案总是可以表示成“……因为……”的形式。由于在英语语法中，“因为”前后都只能是命题，所以被解释项也就只能是命题。但是，英语语法在本体论上很可能会误导人们；完全遵照英语语法来构建一整套本体论理论，这恐怕并不合适。另外，也有不少语法形式表明，证据并不是什么命题，比如说“搜集证据”“伪造证据”等。威廉姆森自己也注意到，日常语言中，证据往往是一些实物，比如说带血的尖刀。在这类情形中，威廉姆森并没有遵从语法，而是适当调整了表述，真正的证据是“这把带血尖刀上有疑犯的指纹”。那么，在本体论问题上，何时需要严格遵照日常语法，何时又可以完全背弃之呢？（Neta，2008）威廉姆森没有给出一个明确的说法。

其次，真正需要被解释的也不是命题本身，而是命题为什么是真的（或假的）。为什么天是蓝的？如果需要被解释的是命题“天是蓝的”，那么需要援引的就是语义学的相关理论：“天”指的是什么，是什么意思；“蓝”指的是什么，是什么意思；“天是蓝的”是一种什么样的语法结构等。这肯定不是威廉姆森想要的解释。因此，真正需要被解释的是相关命题的真（或假）。

最后，威廉姆森没能清楚区分命题本身与命题式的（proposition and propositional）。即使被解释项只能以命题的方式呈现出来，这也不表示被解释项只能是命题。[①] 事件、事实或现象等才是真正的被解释项，才是真正的证据。命题不过是用来表征它们的一件称手工具。解释一下“二战”为什么会发生。在这里，需要被解释的并不是命题，而是发生在物理时空，亿万人牵涉其中的复杂事件（Conee & Feldman, 2011）。只不过这些解释通常都是以命题形式呈现的。

以上三点考虑中，第一点和第二点主要是针对解释推理的，最后一点考虑则是普适的。在概率推理中，具有概率的不见得是命题，而可能是命题态度或是事件的发生等。同样，在逻辑推理中，能够与假说产生逻辑矛盾的也可能是一种现象或事实，如“澳大利亚发现了黑天鹅”。只不过这些内容都是隐藏在命题式推理背后的。

第二节　利特尔约翰的归谬论证

威廉姆森的论证困境表明，要想为命题主义辩护，那就不得不直面这样的质疑：证据是命题式的，但其本身不是命题。也就是说，真正的证据是事件、事实或现象等。它们都可以用命题来表征，并进入各种推理活动中去实现证据的相应功能。利特尔约翰（Clayton Littlejohn）是继威廉姆森之后命题主义的主要支持者。在他 2012 年的著作《辩护与真之关联》中，利特尔约翰正面论证了为何证据只能是命题，而不能是事件、事实或现象等。他的主要论证策略是归谬法——先预设事件、事实或现象等可以是被解释项，也因此可以是证据，然后再来看这样的预设会导出什么样的矛盾。

且看下面这个案例：

① 还有一种可能是，被解释项是信念、知识等，命题不过是其内容。威廉姆森不认为这会构成挑战，被解释项是信念、知识的内容，态度在这里并不重要。

俄狄浦斯是拉伊俄斯和伊俄卡斯忒的儿子，从小由科林斯的波吕波斯和墨洛珀抚养长大。俄狄浦斯理所当然地认为，波吕波斯和墨洛珀就是自己的生父生母。成年后，俄狄浦斯去请求太阳神阿波罗的神谕，得知自己将会弑父娶母。为避免神谕成真，俄狄浦斯离开科林斯，并发誓永不再回去。结果，在流浪途中，他杀死了自己的生父（拉伊俄斯），并娶了自己的生母（伊俄卡斯忒）。悲剧就此酿成。

为什么俄狄浦斯会娶伊俄卡斯忒为妻？这是因为俄狄浦斯害怕神谕成真，不想娶自己的生母为妻，由此他远离家乡流浪远方，才会失手杀死了拉伊俄斯，并娶了伊俄卡斯忒。同时，“俄狄浦斯娶伊俄卡斯忒为妻”与“俄狄浦斯娶自己的生母为妻”，这两个命题表征的是同一事件。在时空中，这两者是完全等同的。如果事件可以是被解释项，那么就会有——俄狄浦斯会娶自己的生母为妻，这是因为他不想娶自己的生母为妻。这个结论是荒谬的。

对于解释活动而言，事件是粗线条的（coarse-grained），不够精细（fine-grained）。同一事件可以由多个不同命题表征。但是，真正得到解释的只能是其中的某个命题，而不是全部。因此，真正的被解释项不是事件，而是命题。按照同样的方式，也可以论证为何现象、事物的属性等不是被解释项。

P1. 事件可以成为被解释项。（预设）

P2. “俄狄浦斯娶伊俄卡斯忒为妻”与“俄狄浦斯娶自己的生母为妻”是同一件事。

P3. 俄狄浦斯不想娶自己的生母为妻，这解释了俄狄浦斯娶伊俄卡斯忒为妻。

C. 俄狄浦斯不想娶自己的生母为妻，这解释了俄狄浦斯娶自己的生母为妻。（由 P1、P2 和 P3）（Littlejohn，2012：100 - 101）

这个论证逻辑有效，但其结论是荒谬的、无法接受的。因此，三个前提之中至少有一个是错的。P2 是基本的情境设置，“俄狄浦斯娶伊俄卡斯忒为妻”与“俄狄浦斯娶自己的生母为妻”这两者的确是一回事。P3 是情境设置，加上对解释的一种朴素理解。所以，利特尔约翰认为问题只能出在 P1，事件并不能成为被解释项。

但是，事实上，无论是 P2 还是 P3，都相当可疑。

P2 是真是假，其实取决于采取什么样的事件同一性标准。（Casati & Varzi，2023）一种宽松的标准是：

> 如果两个事件在时空中完全一致，那么它们就是同一事件。

按照这种标准，P2 就是真的。然而，这个标准本身是充满争议的。两个事件，即使在时空中完全一致，它们仍可能不是同一事件。比如说，一个球旋转了 135 度，温度升高了 0.5 摄氏度，它们恰巧占据了同一时空，但直觉认为它们并不是同一事件。

事件同一性的另一种设想是：

> 只有同一事物例示的同一属性才是同一事件。

按照此标准，P2 就是错的，“俄狄浦斯娶伊俄卡斯忒为妻”与“俄狄浦斯娶自己的生母为妻”并不是同一件事。

还有部分哲学家认为，并不存在什么事件同一性标准。这不是一个本体论问题，而是一个语言学问题。它的真假依赖于语境，依赖于不断变化的语言直觉。如果他们是对的，那么 P2 的真假就是没法确定的。因此，如果命题主义者想要论证前提 P2 是真的，那么他们还有很多工作要做。

更严重的困难在 P3。这个前提之中，包含了对解释的一种朴素理解。这种理解恰恰不够精致，容易出错。

利特尔约翰没有注意到关于解释的一个重要区分：完整解释与部分解释。房子为什么着火？其中一个重要原因是空气中充满了氧气。如果没有氧气，房子也就不会着火。因此，空气中充满氧气，部分地解释了房子为什么会着火。但是，这不是一个充分、完整的解释。完整的解释至少还应该包括火苗是怎么产生的。

（1）如果 P3 中的解释是完整解释，即：

> P3*. 俄狄浦斯不想娶自己的生母为妻，这完整地解释了俄狄浦斯娶伊俄卡斯忒为妻。

那么 P3* 明显是不成立的。完整的解释至少还应该包括俄狄浦斯不知道伊俄卡斯忒是自己的生母。

（2）如果 P3 中的解释是部分解释，即：

> P3**. 俄狄浦斯不想娶自己的生母为妻，这部分地解释了俄狄浦斯娶伊俄卡斯忒为妻。

P3** 是正确的，这或许也是利特尔约翰心目中的真正前提。但是，这样一来，论证的结论也就变成了：

> C*. 俄狄浦斯不想娶自己的生母为妻，这部分地解释了俄狄浦斯娶自己的生母为妻。（由 P1、P2** 和 P3）

这样的话，还有什么理由去反对 C* 呢？它一点也不荒谬，这正是俄狄浦斯的悲剧所在。

利特尔约翰想用归谬法来论证 P1 是错的，即事件不能成为被解释项。但是，上面的分析表明错的更可能是 P2 或者 P3。

第三节　麦格鲁的最佳解释推理

无论是威廉姆森的决定性论证，还是利特尔约翰的归谬论证都没有取得成功。但是，这些失败并不代表证据的命题主义就是错的。到目前为止，命题主义仍是证据本性的主流立场。命题主义的理论优势在于，它能够很好地解释诸多证据现象。

麦格鲁（Timothy McGrew）整理了五种主要的证据现象：

> D1. 证据总是其他什么东西的证据，能够支持（或反对）什么；
>
> D2. 证据有强有弱；
>
> D3. 证据可以相互联合或对立；
>
> D4. 证据可以被削弱或击败；
>
> D5. 证据有间接直接之分。（McGrew，2011）

如果证据是命题，那么 D1—D4 都可以得到很好的说明。首先，命题可以充当各种推理活动的前提，为结论提供必要的支持。这些推理可以是解释推理，也可以是概率推理，还可以是逻辑推理。威廉姆森的论证也聚焦在证据的这个特征上，但他认为只有命题才能充当推理的前提，这里则无须这种排他性的限制。

其次，命题是概率运算的合法成员。如果证据是命题，那么就有多种方式来刻画证据的强弱。比如说，证据 e 是假说 h 的正面证据，用概率来表示就是 $P(h|e) > P(h)$；证据 e_1 比 e_2 更有力地支持了假说 h，其概率形式就是：$P(h|e_1) > P(h|e_2)$。

再次，命题之间可以有逻辑关系。也就是说，命题可以方便参加各种逻辑操作，逻辑与、逻辑或、逻辑蕴含等。如果证据是命题，那么证据间的联合或对立也就容易理解了。

最后，证据只有被认知者掌握，才能真正进入认知活动中去。命题是各种认知态度的内容，它可以被相信、被知道、被怀疑。证据被认知者掌握，其实就是相关命题被相信，或者被知道等。

命题主义能否说明 D5 呢？这一点并不明显。但是至少，命题主义与 D5 是相容的，它们之间并没有突出的矛盾。

当然，命题主义并不是十全十美的选择，它也有相应的理论代价。在日常生活中，人们常常会这样谈论概念："搜集证据""销毁证据""伪造证据"等。这些说法与命题主义是格格不入的。命题主义者承认这一点，命题主义与日常直觉并不融洽。但是，在这里只需要一些简单的调整就可以避免这种冲突。"搜集证据"是寻找与假说相关的真命题；"销毁证据"是避免某些真命题为人所知；"伪造证据"是用假命题来冒充真命题等。或者更彻底的做法是，将证据概念的日常用法与哲学研究严格区分开来；在后者那里，证据就是某些命题。

通盘考虑，命题主义能够很好地解释诸多证据现象。如果不能很好地解释，至少也是相容的。尽管它与部分常识直觉冲突，也会带来部分理论损失，但似乎仍是证据本体论的最佳选项。

第四节　使真者与认知辩护

命题主义真的是证据本体论的最佳选项吗？恐怕不然，命题主义的理论代价远比其拥护者想象得高。如果证据真的是命题，那么能够成为证据的命题，它应该是真的，或者至少很可能是真的。并且，它作为相关证据必须得到认知者的认可。接下来就有两个相关问题：（1）使得这个命题为真的使真者（truth-maker）是什么？（胡中俊，2018）（2）人们凭什么要接受这个命题作为相关的证据？即如何为接受某个命题作为相关证据提供辩护。前者是一个关于证据的形而上学问题，后者是一个关于证据的认识论问题。

一　使真者

命题有真假之分，这是命题之所以能够承担证据功能的最有力也最关键的特征。但是，命题之所以为真，取决于一定的条件。“昨天本地下过一场大雨”，这个命题是否为真，取决于昨天本地是否真的下过一场大雨这个事件或事实。“张三家的阳台上有一盆花”，这个命题是否为真，取决于张三家阳台上是否真的有一盆花这个事实或事态。在这里，相应的事实、事件或事态就是命题为真的使真者。

那么，作为证据的命题，它的使真者是什么呢？第一种回答是，使得某个命题为真的使真者就是它自己，其真假取决于它自身；该命题是自明（self-evident）的。某些所谓先验（a priori）命题或许就可以归入此类，对此可以暂且不予深究。但即便如此，能够以这种方式成为证据的命题数量也不多，无法满足日常生活中人们对证据的数量上的要求。

第二种回答是，使得某个命题为真的使真者在该命题之外，这可以是其他命题，或者是事件、事实或事态等发生或存在于物理时空当中的事物。如果是其他命题，则同样面临对其使真者问题的追问，其回答只有三种情况：那些命题的使真者就是它们自身；来自其他命题；来自物理时空中存在或发生的事物或事件。前二者是在命题的封闭集合内确定各自的使真者，第三种情况则需要在物理时空中寻找使得命题为真的使真者。绝大多数含有经验内容的命题最终需要经由这第三条途径与其成真条件关联起来。这些经验真理必须是基于现实世界的，不会是无缘无故为真的。成真条件是使得某些命题能够成为证据的关键要素之一。然而，这种要素是来自命题之外的，它们是物理时空中发生的事件、事实，或是存在的事物。既然如此，那么何不在一开始就将这些命题之外的关键性要素视作证据本身，而将命题视为对证据的表征呢？

二　认知辩护

证据的认知辩护问题涉及两个层次。首先，作为命题的证据必须成为人们的信念，即人们应当相信该命题为真，这是接受该命题作为证据的前提。另外，该命题与假说之间具有相关性，且人们相信该命题是与假说有关的。前者是关于信念的一般性辩护问题，后者是针对证据的特有的认知辩护问题。如果证据是命题，那么关于证据的认知辩护结构的分析则会遭遇到传统认识论中经典的“阿格里帕三难”（Agrippa's Trilemma）。（王聚，2018）能够为作为证据的信念提供认知辩护的三种情况是：（1）该信念无须辩护，其本身是自明的；（2）对该信念的辩护来自其他信念，而对这些信念的辩护形成了一个无穷尽的链条；（3）对该信念的辩护来自其他信念，但对这些信念的辩护构成了一个封闭的链条。后两种情况分别对应的是关于认知辩护基本结构的无穷论（infinitism）和融贯论（coherentism），而突破上述三难境地的典型出路是基础主义（foundationalism）：为信念提供认知辩护的最终是某些非信念的来源，例如可靠的感知经验等。

关于信念的认知辩护基本结构的几种主要进路各自的优劣，至今仍然是当代认识论研究聚讼纷纭的问题。然而，如果关于证据的哲学学说旨在更好地切合人们在法律、科学等领域以及日常生活中关于证据的理解和社会实践，那么就必须为在信念或命题之外提供认知辩护的资源（例如可靠的感知经验）留下足够的地盘，至少要采取某种温和基础主义的立场。如是观之，即便如威廉姆森所言，证据真的是命题，能够为相当数量的证据提供认知辩护的却是非命题的资源。既然使得某些命题之所以能够成为证据的认知辩护来源是在命题之外的，诸如事实、事件以及可靠的感知经验等，那么何不如将这些要素视作证据本身，而将命题视为对证据的表征呢?

以上分析在形而上学（有关真命题的使真者）与认识论（关于证据的认知辩护）两个维度展开，并未对命题主义构成直接的批驳，而是表明接受命题主义的理论代价并不低。要么会使得人们陷入各种循环或悖论中，如阿格里帕三难，要么不得不借助命题之外的关键资源。前者不可取；后者又难免让人心生疑虑，何不直接将证据等同于这些关键要素？这就是命题主义者不得不面对的困境。

第五节　余论

命题主义是当前最流行的证据理论。但是，支持它的诸多论证均有不小的漏洞，且难以弥补。更为不利的是，如果证据是某些命题，那么使得这些命题成为证据的关键要素，如使真者、认知辩护等均只能来自命题之外。这样看来，命题主义其实并没有回答，而是回避了证据本性问题。如果证据不是命题，那么它会是什么？有以下三种可能：

（1）另寻他物。证据不是命题，那么它可以是其他什么东西。比如说，认知者内在的心智状态。

（2）多元主义。证据不是某一类东西，而可以是多种东西。正如医学证据、历史证据、法学证据，它们都是证据，却是非常不一样的东西，强行将它们统一起来既无可能，也不必要。

（3）取消主义。证据概念本身并不清晰，且存在相互冲突的直觉，严肃的哲学研究理应抛弃之。证据承担了诸多截然不同的功能，如辩护信念、导向真理以及平息认知分歧等。这些功能对证据的要求其实是相互冲突的。①

这些内容仍有待进一步的研究。无论结论是什么，它都会极大地影响认识论，乃至哲学的理论版图。

---

① 拉尔夫·韦奇伍德（Ralph Wedgwood）在新出版的著作《合理性与信念》（2023）第一部分的第四节发展了这种可能。在他看来，在认识论讨论中使用“证据”概念是危险的，有必要避免。

第二章 证据是心理状态吗？*

证据是做出合理判断与决策的根据，是据以相信某个命题的理由，能用于推理以支持或反对某个猜想或假说。证据历来是哲学研究中的一个基本概念，但以往的研究大多集中于对证据关系的考察，即证据与信念、命题假说等之间是何种关系，而对证据的本性问题重视不够。这种趋势直到近年才被逐渐扭转，关于证据本性的考察正引起越来越多的关注：证据本身究竟是什么？它是由什么类型的事物构成的？

证据的心理主义是近来引起较多讨论的一种关于证据本性的学说，在当代有不少拥护者。① 这一学说主张证据归根到底是内在于认知主体的某些特定心理状态，尤其是各种感知觉经验。如果两个认知主体的内部心理状态是完全相同的，那么二者所拥有的证据也必然完全一致。心理主义的证据观是当今最为流行的两种关于证据本性的哲学学说之一。② 如果它是恰当的，那么势必会对整个认识论版图，乃至各种智识活动产生直接而深远的影响。例如，辩护因素将被局限在认知主体的心灵内部，各种形式的辩护外在主义都将被击垮；人类的知识其实是建立

---

* 本章的一个缩略版本发表在《自然辩证法研究》2018 年第 3 期，笔者是第一作者，第二作者是朱菁教授。

① 这些哲学家包括齐索姆（Roderick Chisholm）、科恩（Stewart Cohen）、费德曼和科尼（Richard Feldman & Earl Conee）、波洛克（John Pollock）、图里（John Turri）等。如果没有特殊说明，下文“心理主义”均指“证据的心理主义”

② 另一种主张是命题主义，即证据是命题。它的主要支持者包括威廉姆森（Timothy Williamson）、内塔（Ram Neta）等。

在主观的心理状态之上的；等等。

本章对证据的心理主义进行批判性考察。第一节介绍证据心理主义的基本主张，以及支持它的各方面理由。第二节审查证据心理主义的立论依据，指出它们并不能为心理主义提供足够的支持。第三节立足于对证据更为广义的功能分析，表明心理主义不足以成为一种全面的关于证据本性的学说。第四节是本文的简要结论。

第一节　心理主义证据观

什么是证据？哲学史上，不少哲学家尝试回答过这个问题，但最终得出的结论大相径庭。例如，罗素认为证据是认知主体在感知觉过程中直接把握到的不可错的感觉予料（sense-data）；以卡尔纳普为代表的逻辑经验主义者认为证据是由特定词汇组成的观察语句（observational sentences）；蒯因曾主张证据是认知主体的感知器官接收到的物理刺激；等等。

证据并不是专门的哲学术语，它在法律、科学以及日常生活中都被广泛使用。物证是典型的法律证据，如遗留在案发现场的凶器。最新发现的引力波是相当重要的科学证据，有力地支持了广义相对论等。显然，这些领域对于什么是证据存在不同看法，但它们都在事实上或倾向于认定证据是某些物理实体或是相关的事实、事态。然而，近来哲学理论界却兴起了一种关于证据本性的心理主义观——证据是内在于认知主体心灵的某些特定心理状态。这是为什么呢？

证据是心理状态，这种主张并不是奇谈怪论，而是具有深厚常识基础的。看见书桌上有一台电脑，这是相信书桌上有一台电脑的证据；感觉到疼痛，这是相信自己疼痛的决定性证据等。在这些案例中，被当作证据的视觉经验、痛觉经验等都是心理状态。正是它们使得我们产生相应的信念，并为之提供认知辩护。反之，物理实体或是相关的事实、事态能否影响我们的认知态度，并为之提供辩护呢？答案是否定的。以引力波为例，该物理现象本身一直存在，但在不久之前还不为科学家们所知晓。它本身根本没法作用于科学家们的思维，更不能对他们的认知态度产生丝毫影响，也无任何辩护的效力。物理实体或是相关的事实、事态要想成为证据，就必须进入认知主体的意识活动，并以心理状态的主观形式呈现出来，即必须有心理状态描述它或者把它作为内容的一部分。只是由于在对证据做陈述时，“相信”“看到”这类标识心理状态的词汇常被有意或无意地忽略，这也是人们会误解证据本性的关键原因之一。

证据被视作相信的理由，应该能够参与到信念的形成或辩护中去。由于信念是典型的心理状态，如果证据本身也是心理状态，那么它作为相信的理由就很容易理解了。这也可以看作心理主义的第一个理论依据（McCain，2014）。

当然，并不是所有的心理状态都是证据。希望自己成为百万富翁，就不是相信自己是百万富翁的证据；想象、恐惧等心理状态也不是证据。能够充当证据的心理状态主要是各种经验感受。感知觉经验是其中的典型代表，它能够为感知觉信念提供发生学意义上的来源与认知辩护。看见书桌上有一台电脑，使得我们相信书桌上有一台电脑，同时它也是我们相信的理由或证据。其他经验感受，如记忆、直觉、推理、反思等心理过程所产生的心理状态，有时也能为证据。这些经验感受的共同之处在于，我们会觉得它们所表达的内容就是真的。这也是其他心理状态，如想象、渴望等所不具备的。除此之外，信念本身有时也可以充当证据，为其他信念提供辩护。但是，一个信念要想成为证据，那么它必须是得到辩护的。也就是说，它必须有来自其他证据的支持。然而不管什么信念，只要它是得到辩护的，那么追根溯源，总能发现其辩护是来自各种经验感受的。在这个意义上，信念只是间接的或派生的证据（intermediate or derivative evidence）。经验感受才是终极证据（ultimate evidence），它们能够辩护信念，而本身无须辩护（Conee & Feldman，2008）。

心理主义的第二个理由是，证据总是某人的证据。如果此人完全没有相应的认知状态（例如特定的感知觉经验），或者意识不到这些心理状态与信念之间的认知关联，那么此人就不能说拥有证据，其信念也不能说是建立在相关证据的基础之上。

“你相信某事的证据是什么？”或者“为什么她会那么想？”当我们追问某人的证据到底是什么时，这种考察应该以何种方式进行呢？心理主义者认定，必须知道认知主体的相应心理状态，以及这些心理状态之间是如何关联的。而且只需要知道这么多，不需要额外的信息。其他东西，如物理实体、事实、事态等根本没法成为你的证据，除非有心理状态描述了它们或者把它们作为内容的一部分。如果我们说，某人相信家门口停了一辆车，这是因为他家门口确实停了一辆车——但是他压根没看见——那么我们的理解显然是错的。既然理解某人的证据，相关心理状态及其认知关联是唯一的考察项，那么合情合理地，证据也就是这些心理状态（Turri，2009）。

证据要能够参与信念的形成或辩护，合理的信念要以某种适当的方式建立在证据的基础之上。以上两个理由背后体现的是证据主义的基本想法。古典证据主义主张，信念必须基于相关证据，洛克、休谟、笛卡尔等哲学家都明确持有类似主张。他们的想法之中还有强烈的伦理色彩，克利福德（William Clifford）的名言集中体现了这种特色，“不论何时，不论何地，基于不充分证据而去相信总是错误的！”（Madigan，2010）当代证据主义则把目光锁定在认知视角，主张认知辩护完全取决于相关证据，而与其他东西无关。只有在有充分证据支持的条件下，相应信念才是得到辩护的。①

最后，各种思想实验的相关直觉也为心理主义提供了有力支撑。设想在平行世界中，存在这么一个人，他的大脑被浸泡在盛有营养液的缸中，通过类似于神经元的导线与一个超级智能计算机连接起来。借助于

① 证据主义不仅适用于相信，也适用于不相信、暂停判断。如果有充分证据支持命题的反面，那么不相信就是得到辩护的认知态度。如果无论是命题的正面还是反面都没有充分证据的支持，那么暂停判断就是得到辩护的认知态度。

强大的计算程序，这颗依然存活的大脑也产生出与对应的正常世界中的正常人完全相同的心理状态。也就是说，他与对应正常人的各种感知觉经验、记忆、推理、直觉都是完全相同的，而且最终形成同样的信念。面对这种状况，我们直觉上会认为，二者信念的辩护状况是一致的，所拥有的证据也是完全相同的。① 缸中之脑与对应的正常人所处的外部环境截然不同，他只是觉得自己有手，而事实上并不是那么一回事。如果证据是物理实体，或是相关的事实、事态等，那么缸中之脑就不可能拥有与正常人相同的证据。也就是说，这些证据本性主张与我们的上述直觉都是相互冲突的。相反，心理主义能够很好地解释该直觉。正是因为缸中之脑拥有与正常人一般无二的心理状态，所以他们所拥有的证据是相同的。

我们会有如此这般的直觉，是由于从认知主体内在的视角看，根本无法区分二者的认知差别；也不宜从认知角度苛责其中的缸中之脑，在没有足够证据的情况下形成了各种信念。按照这种理解，参与认知辩护的基本因素（包括证据）理应是完全处于认知主体第一人称视角之内的，即认知主体可以经由反思和内省把握或通达的。这也就是关于辩护的内在主义的基本主张。哪些东西是认知主体可以通过反思和内省把握的呢？显然只能是认知主体自身的各种心理状态。这也从另一个侧面支持了心理主义。

第二节　重审心理主义

上一节的分析讨论表明，证据的心理主义观有其深厚的理论根基。概括起来，有三个理由：一是证据要能够参与信念的形成或辩护；二是证据总是某人的证据；三是缸中之脑等思想实验的相关直觉。下面笔者将细密审查这些理由，并尝试给出可能的反驳与回应。

① 该直觉也被称为“新恶魔直觉”（New Evil Demon Intuition）。

心理主义的第一个理由是，证据应该能够参与信念的形成或辩护。信念是典型的心理状态，如果证据也是心理状态，那么证据能对信念施加影响（形成或辩护）就很好理解了。同时，这一理由也排斥了非心理状态的事物，如物理实体充当证据的可能性。

感知觉经验是心理主义者心目中的证据典范。我们不妨就以它为例，来辨析心理主义对信念形成机制及辩护来源的理解。书桌上有一台电脑，某人看见了这台电脑，并在此基础上相信了书桌上有一台电脑。在没有其他反面证据的条件下，该信念也被认为是得到辩护的。感知觉信念是在感知觉经验的基础上直接形成的，并因此获得辩护。上述心理主义的图景似乎并无不当之处。但是，感知觉经验又是怎么来的呢？心理主义者承认，感知觉经验是认知主体与外部世界相互作用的产物。那么，感知觉信念的完整形成路径就是，从电脑本身，到认知主体对电脑的感知觉经验，最后才是关于电脑的感知觉信念。按照这种解读，物理实体或是相关的事实、事态，这些非心理状态的事物，在感知觉信念的形成过程之中，并不是毫无贡献的，而是深度参与其中。以下事实可以佐证这一点：如果书桌上只有一本书，或者什么都没有，那么正常情况下，认知主体的感知觉信念也会随之改变，他就不会再相信书桌上有一台电脑。由此观之，物理实体或相关的事实、事态也是可以参与到感知觉信念的形成或辩护中去的。当然，必须承认，这种参与只能通过感知觉经验来实现；或许可以称之为间接参与，以便与感知觉经验的直接参与相区分。

以上分析表明，心理状态之外的事物，如物理实体、事实、事态等，也能在信念的形成或辩护中发挥作用。只不过这种作用只能通过感知觉经验来达成。但是不管怎样，它们的确可以参与到信念的形成或辩护中去，也就具备了充当证据的基本条件。

心理主义的第二个理由是，证据总是某人的证据。也就是说，证据总是以主观形态出现的。其他事物，只有在有心理状态描述了它们或者把它们作为内容的一部分时，才能成为证据，并进入各种心智活动。

但是，证据并不如心理主义者所设想的是完全主观的。它在某种意义上是客观的，即不管是否有人知道（或有理由相信）e 以及 e 和 h 之间的认知关联，e 都是 h 的证据。例如，就算没人知道（或有理由相信）引力波现象，它都是广义相对论的重要证据。科研工作者努力追寻的也正是这一重意义上的证据。

对于这种批评，心理主义者并非一无所知。他们辩驳道，存在两种证据概念（Conee & Feldman，2008）。第一种是科学证据，它们是客观且公共的，是相应信念或假说为真的可靠标记。例如，患者脸上的黄斑是其身患黄疸的科学证据。但是，拥有科学证据，是否就有理由去相信相应假说了呢？显然，这是不够的。认知主体还必须把握科学证据与假说之间的认知关联。如果不知道（或有理由相信）黄疸患者通常身体各部位会出现黄斑，那么黄斑本身就还不是理由。所以，心理主义者认为我们需要的是第二种证据概念，即辩护证据，它能为信念提供理由。

把证据概念一分为二，划分科学证据和辩护证据，这么做是否有助于消解证据的客观性要求呢？恐怕不然。首先，如果辩护证据是科学证据，辅之以某种主观性条件（如认知主体把握它与信念之间的认知关联），那么辩护证据仍然可以是某种形式的科学证据，理应继承随之而来的客观属性。其次，一个全面的证据理论学说，理应能够同时容纳证据的主观与客观特性，而不是在科学证据与辩护证据之间划定鸿沟。更严重的是忽视证据的客观特性会带来怀疑论等严峻的认识论后果。因此，心理主义者的做法并不可取。

心理主义的第三个理由是，在缸中之脑等思想实验中，存在这样的直觉：缸中之脑与对应的正常人拥有完全相同的证据。他们所处的外部环境截然不同，只有内在的心理状态是完全一致的。因此，证据也就只能是内在于认知主体的各种心理状态了。

对此，有两方面的反对意见。第一，并不是所有人都有这样的直觉。威廉姆森（Timothy Williamson，2013）、莱昂斯（Jack Lyons，2013）

等人就明确拒斥这个直觉。他们认为缸中之脑处于极端恶劣的认知环境之中，正常人所拥有的大部分证据，都是它所不具备的。更何况哲学直觉在论证中能起到什么样的作用，本身就是有极富争议的话题，哲学直觉可能并不如部分哲学家所期望的那么可靠。最近兴起的实验哲学运动就主张，要利用各种心理学的手段来调查分析各种哲学直觉，而不是将之视作论证中无可争辩的前提。

第二，许多人之所以会有这个直觉，关键在于他们是完全从认知主体的第一人称视角出发来理解和处理各种认知问题的，这也就是所谓的内在主义。内外在主义之争是当前认识论领域最激烈的战场之一（费多益，2015）。内在主义是自笛卡尔以来传统认识论的标准立场，但在最近几十年遭受到了严峻挑战。高等动物、婴幼儿也会有各种信念，但缺乏足够的反思能力，并不能为自己的信念提供什么理由。如果坚持内在主义立场（只有内在于心灵的因素才能辩护信念），那么它们的信念全都是得不到辩护的，也不可能有什么知识。此外，辩护的内在主义策略一直受到怀疑论的威胁，能否为人们的多数日常信念辩护仍是一个未知数。正是由于这些原因，以可靠论为代表的外在主义队伍不断壮大，已经正式成为认识论领域的主流立场。他们认为心灵之外不为认知主体所知的因素，如认知过程的可靠性等也可以辩护信念。2009 年专业哲学社区 PhilPapers 所做的问卷调查显示，只有 26.4% 的人自认为是辩护内在主义者，而高达 42.7% 的人主张辩护外在主义，另有 30.8% 的人立场不明或左右摇摆。（Bourget & Chalmers，2014）更重要的是，辩护外在论日益成为主流，2020 年 PhilPapers 重新调查了相关问题，这次更是有高达 50.52% 的哲学家接受或倾向于辩护的外在主义，相较而言，辩护的内在主义的支持者只占 35.72%。（Bourget & Chalmers，2023）

由此观之，心理主义的三条关键性理由都不是那么牢靠。要想坚持心理主义，必须有其他更好的理由。更一般地，一个全面的证据本性理论应该是什么样的呢？至少，它应该要尽可能地满足人们对证据的各种功能刻画。心理主义在这方面表现如何呢？这就是下文讨论的主要内容。

第三节 多功能视角下的证据

证据在认知活动中占据关键位置，具备多种基本功能。一种关于证据本性的主张是否恰当，在很大程度上要看它是否能够满足这些功能。心理主义当然也要接受这种考验。托马斯·凯利（Thomas Kelly）在为斯坦福哲学百科全书撰写的“证据”词条中，精准刻画了证据在以下四个维度的基本功能，获得了哲学家们的普遍认同。（1）证据与辩护：证据能够辩护信念，它是相信的好理由。（2）证据与认知合理性：理性的认知主体会根据证据去形成和保持认知态度。（3）证据与真：证据能够引导人们获得真理，避免错误。（4）证据与认知分歧（Epistemic Disagreement）：证据是客观、公共的，可以为不同认知者共同拥有。因此，它是认知分歧的中立裁判。凯利的想法是，证据的这些功能都是基本的，不可互相还原的。当然，它们之间是有联系的，可以是互相支持的。但是，需要特别指出的是，这些功能之间也可能存在张力，比如（1）和（4）。如果我们秉承一种内在主义的辩护观，即只有内在于某人的心理状态才能够辩护信念，那么很难设想它可以是客观、公共的，能够为不同认知者共同拥有。在这里，笔者只能先跳过这些困难，暂时只考虑心理状态是否能够实现证据的以上四种功能。这里的基本逻辑是，如果心理状态没法实现所有，或者其中几种功能，那么心理状态作为证据也就很难成立。

一 证据与辩护

证据的好坏多寡会直接影响相关信念的辩护状况，证据主义者甚至认为辩护完全取决于证据。在这里，我们只需要承认证据的确可以辩护信念就足够了。那么，心理状态是否能够辩护信念呢？内在主义和外在主义是关于辩护本质的两种基本看法，但它们都会同意心理状态的确可以辩护信念。[①] 以视觉经验为例，看见前面有辆车，在没有其他反面证据的前提下，相信前面有辆车总是可以得到辩护的。再退一步，即便该信念没法得到最终辩护，至少也是得到初步（prima facie）辩护的。

二 证据与认知理性

“明智的人会使自己的信念与证据相称。”休谟的这句名言恰如其分地表明，理性的认知主体会根据证据去形成和保持信念。当然，这些信念并不一定是真的，证据有时也会误导人们。但是只要这些信念是符合证据的，那么它们总是合理的。

按照这种解读，缸中之脑当然也是和正常人一样理性的，而它所据以形成信念的只能是自身的各种心理状态。由此可见，根据已有心理状态去形成和保持信念，这种做法是理性的。保持自身心理状态之间的融贯性是认知理性的重要内涵之一。但这是否意味着，证据就是这些心理状态呢？并非如此。认知理性其实是一种更接近主观的视角，它关心的是认知主体认为自己有什么样的证据，而不是他事实上有什么样的证据。休谟的名言实际上说的是，“明智的人会使得自己的信念与（自以为是的）证据相称”；缸中之脑误以为自己有和正常人一样多的证据，其实根本不是那么一回事。

三 证据与真

获得真理，避免错误，这是认知活动的主要目的。少数情况下，命题的真假是显而易见的。一旦理解了它，也就知道了它是真是假，例如 $2+3=5$。其他多数情况下，命题的真假是没法直接把握的。这时候就需要证据，它是人们获知外部世界真相的中介。证据被认为能

---

① 内在主义认为，某些心理状态可以辩护信念，这是由于它们的内容相互符合，如感知觉经验与感知觉信念。而某些外在主义者可能会认为，这是因为这些心理状态是由可靠认知机制产生的。

够可靠地指示它自身之外的事物或事实。换言之，证据是相关命题或假说为真的可靠标记。

以感知觉经验为代表的心理状态能否承担这种可靠标记的功能呢？按照可靠论或恰当功能论（proper functionalism）的理解，这有赖于外部环境与认知官能相匹配，且认知官能正常运作。例如，视力正常且光线清晰，看见书桌上有台电脑，那么书桌上就很可能真的有台电脑。但是，当外部环境不利或是认知官能失调时，感知觉经验的指示功能就会彻底丧失。它们可能系统性地指向错误的命题，把人们引入歧途，缸中之脑就是典型的案例。这也正是部分哲学家坚决反对把缸中之脑的经验感受当作证据的根本原因。缸中之脑的心理状态是由超级计算机“喂”出来的，与真实环境并没有相应的因果关系。由于受到系统性的欺骗，他的认知过程并不可靠，产生出来的心理状态也没法可靠地指示所处的外部环境。由此可见，心理状态的可靠标记功能并不是无条件的，纯粹内在的心理状态没法维护证据与真之间的紧密关系。

四　证据与认知分歧

不同的人对同一命题的真假常持有不同主张，认知分歧是人类认知生活中常见的一幕，广泛存在于科学、政治、经济等领域。对此，客观可取的做法是转向证据，而不是求助于权威、习俗等非证据因素。证据被认为是认知分歧的中立裁判，能够做出客观、公正的判决。[①] 当然，有时当前证据还不够充分，不足以断定孰是孰非，这就需要人们去搜集新的证据。科学就是这种证据驱动（evidence-driven）型活动的典范。这也使得科学能够远离科学家的主观喜好、偏见等，而保持足够的客观性。显然，证据的这种中立裁判角色，要求它本身必须是客观且公共的。独立于特定理论或认知主体，并且能够被不同认知主体共同拥有。证据的这种特性在科学、法律等对证据有着严格标准的专业领域体现得

① 证据是否具有中立裁判的功能正面临不少挑战，如库恩的范式说、观察渗透理论等。但在具体的科学实践中，证据的确扮演了不少中立裁判的角色。

尤为明显和自觉。

与之相反，内在于认知主体的心理状态恰恰是主观、私密的。以疼痛为例，你的头疼只能是你自己的经验感受，没法共享。其他人可以通过观察你的表情、动作，或是根据你的证言来推断，你的确头疼。但是，他们没法经验你的头疼。认知主体可以通过特殊认知通道，直接获知自身心理状态，而其他认知主体则只能通过推理间接获知。心理状态的这种特性使得它在客观的科学探索中几无用武之地，正如威廉姆森所指出的，“如果证据隅于心灵，那么它在科学中将毫无用处。太阳比地球大，其证据并不是我当前的经验或信念”（威廉姆森，2013：193）。

在哪种意义上，心理状态可以是客观且公共的呢？还是以视觉经验为例，书桌上有台电脑，光线良好情况下目视前方，就会看见书桌上有台电脑。任何认知主体处在同样的位置，只要视力正常且足够留心，就会看见那台电脑。他们的经验感受或许并不完全一致，但至少都会“看见书桌上有台电脑”。[①] 经验感受的这部分内容是客观且公共的，不随认知主体的改变而变化，并能够被不同认知主体所共同拥有。人们的感知觉官能工作方式相同，感知觉同一事物，就会产生大致相同的经验感受。也正是由于这个原因，在陈述这些经验证据时，第一人称主语总是被刻意省略，以达成第三人称的客观性。

但是，这种处理方式是心理主义者所不能接受的。首先，他们关心的是作为内在心灵生活一部分的心理状态，其本质就在于主观私密性。他们并不愿意对这些主观的心理状态施以任何客观限制，如在什么外部环境下获得的，等等。其次，他们心目中的证据是完整的心理状态。除了内容之外，还应该包括认知主体与该心理内容之间的私密关联。这也是他们认定各种经验感受可以辩护信念，而本身无须辩护的关键所在。最后，心理状态的内容常常是以命题形式呈现的。如果把证据等同于这些命题式的内容，那么心理主义就有滑向命题主义的风险，即证据是某

---

① 感知觉经验的内容到底是命题式的还是非命题式的，这一点存在争议。本书对于该争论采取中立立场。

些特定的命题。这些都是心理主义者所不乐意见到的。

综上所述，心理状态可以辩护信念，也能用于规范认知理性。但是，它并不总是相关命题或假说为真的可靠标记，有可能会系统性地误导人们，把它当作证据，容易陷入各种形式的怀疑论而不能自拔。另外，由于心理状态主观私有的特性，也没法去扮演认知分歧的中立裁判角色。

第四节　本章小结

证据的心理主义是一种关于证据本性的学说，它主张证据是内在于认知主体的某些特定心理状态，尤其是感知觉经验。本章审查了心理主义得以成立的多方面理论依据，指出这些理由并不如料想中那么厚实，难以支撑心理主义；坚持心理主义需要其他更好的理由。此外，内在的心理状态在实现证据的功能方面存在重大缺陷。它并不总是相关命题或假说为真的可靠标记，也不具备平息认知分歧所必需的客观性与公共性。总而言之，心理主义并非恰当的证据本性理论。如果证据不是内在的心理状态，那它会是什么呢？有什么事物能够较好地实现证据的各种基本功能呢？这些问题都还有待来日探索。

第三章　物理痕迹作为证据

在前面的章节中，本书考察了当前哲学理论界最流行的两种证据本性理论，即证据命题主义与证据心理主义。前者主张，证据是某些特定的命题，如知识、真命题等。后者主张，证据是某些内在于认知主体的特定心理状态，如感知觉经验、理性直觉，以及部分信念等。这些看法都有它们各自可取的地方，为我们继续探索证据本性问题提供了宝贵的线索，但是上文的批判也显示，它们并不能令人满意。在笔者看来，无论是证据命题主义者还是证据心理主义者，他们心目中的证据活动都太狭隘。也正是这个原因，导致这些证据本性理论没法帮助我们理解更多的证据现象。

证据命题主义的关注点是各种形式的推理活动（inference/reasoning），仿佛证据只能在各种推理活动中现身。其实不然，在推理之外，证据活动还包括搜集证据、销毁证据、隐匿证据、伪造证据、保全证据、排除证据、鉴定证据等。这些认知活动明确支持了这样一个事实：证据不只是在推理中现身，在其他认知活动中，证据也占据了重要的位置。证据心理主义的关注点是认知辩护（epistemic justification），证据本身与某个认知主体所拥有的证据往往混为一谈。费德曼与科尼甚至区分科学证据与辩护证据，将证据概念一分为二。光线经过大质量物体发生的弯曲现象是相对论成立的重要证据，这里面的证据内涵其实既包括（费德曼与科尼所谓的）科学证据，也包括辩护证据。不管有无认知主体获知光线弯曲现象，它都是相对论的重要证据。一旦有人获知此现象，那么就可以将它当作重要证据，并借此相信相对论，也可以用来为相对论辩护。

证据法是法学的一个重要组成部分，法律学者对于证据本性有着重要的认识和界定。他们所持有的一种基本看法，或者说“法庭证据观”是值得深入发展的。什么是证据？一般而言，证据是能够装在袋子里（证物袋），在法庭上呈现出来的东西。它并不是什么心理状态，也不是什么命题，而往往是各种物理对象（Physical Objects），是整个物理世界的一部分。当然，并不是所有物理对象都是证据。空气中的氮气通常不会是一场凶杀案的证据，天上的金星通常也不会是某个偷窃案件的证据。为什么某些物理对象是证据，而其他一些物理对象却不是证据呢？为什么某些物理对象是某个案件的证据，而不是另外案件的证据呢？这里还需要保证证据与现象或事件之间的关联，即所谓的相关性。那么，何以证据与事件之间会有这样的相关性呢？这些疑难问题难以在法学内部找到完整的答案。

本书的一个基本想法是，证据其实是物理对象相互作用而遗留下来的物理痕迹。当然，这些物理痕迹本身也是物理对象。物理对象之间的相互作用是最基本的物理事实。当前的物理学认为，存在四种基本力：引力、电磁力、弱力和强力。这些力其实就是物理对象之间的相互作用。事物之间发生相互作用，一般而言就会遗留下来各种痕迹。比如说你走过一片沙滩就会留下一系列脚印；你被一条狗咬了就会在腿上留下狗的牙印；等等。证据其实就是这些痕迹。脚印是你走过沙滩的证据，狗的牙印就是你被狗咬的证据等。证据就是物理痕迹，在这个章节，笔者将为这种想法提供基本的澄清和辩护。

第一节是介绍性的。主要是想明确所谓的物理痕迹到底是什么，其内涵有何特别之处。第二节尝试论证证据为什么会是物理痕迹，其核心在于物理痕迹内蕴含事物相互作用的信息，提炼这些信息就能够还原真相。第三节讨论了三种明显的反例，预测证据、证言证据，以及电子证据。这些东西也常被当成是证据，但看起来不是什么物理痕迹。第四节是回顾证据的各种功能角色，逐条鉴别物理痕迹是否能够满足这些要求。第五节是一个简单的小结。

第一节　什么是物理痕迹?

证据既不是命题，也不是心理状态，而是物理痕迹。在深入讨论之前，有必要澄清到底什么是物理痕迹。典型的物理痕迹包括脚印、车痕等。设想你在沙滩上走过，留下的一连串脚印，那就是典型的物理痕迹。但是，物理痕迹并不仅限于此，比如原初引力波，好像和脚印很不一样，但它也是痕迹，那就是宇宙大爆炸留下的痕迹，也因此成为大爆炸理论的重要证据。物理痕迹这个概念包含两部分内容：一是物理，二是痕迹。因此，本节内容也分成两个部分，第一部分讨论什么是物理的；第二部分讨论什么是痕迹。

一　什么是物理的?

什么是物理的？这不是一个容易回答的问题。一般认为，哲学源自古希腊，泰勒斯是第一位哲学家。[①] 传闻，泰勒斯仔细思考了世界的本源问题，即这个世界的本质是什么？或者说世界上的一切归根到底是什么？这种特殊的思维方式就是形而上学本体论。他自己给出的答案是，万物是水。水无处不在，万事万物之中都有水。植物里有水，泥巴里有水，云里也有水。并且，水会转变成其他东西，转变成冰、转变成蒸汽等。因此，他推测万物其实都是水，只不过表现形态不一。时至今日，泰勒斯的答案已经不是那么重要，但是这种思维方式，他所开启的问题仍延续至今。比如说，贝克莱主教认定万物都是心灵的；笛卡尔认为世界有两种本源，一是物质，一是心灵。当然，还有我们熟悉的唯物主义，万物都是物质的（Material）。

---

① 当然，也有不同意见。有学者指出，这种追溯自泰勒斯的传统其实是后世的遮掩，有种族主义的嫌疑。（Cantor，2022）

物理主义可以看成是唯物主义的继承者，或者两者压根就是一回事（朱菁、卢耀俊，2013）。可以说，唯物主义是 18 世纪的物理主义。当时的物理学主流是机械物理学，万事万物都是有广延的，在时空中占据一定位置的，不可入的。这种想法在物理学发展的今天已经基本被抛弃；许多东西虽然没有广延，但是也存在，比如说场、能等。电磁场、引力场这些概念已经不再尖端前沿，而是普通人都耳熟能详的存在。物理主义哲学家坚信，世界的本体论问题，即到底世界上存在些什么，这个问题得由最宏大的理论，即物理学来回答。简而言之，物理学认为存在的东西，那就存在；物理学认为不存在的东西，如鬼怪、精灵，那就不存在。反过来说就是，所谓物理的就是非心理的、非灵魂的，也非脱离时空而存在的。

有些东西看起来不是物理的，也存在，这是怎么一回事呢？例如一本电子书（electronical book），它是 Epub 版本的，可以在电脑之间、手机之间传递，但它也是无形的，也谈不上什么运动状态。它是物理的吗？这里，物理主义引入了一个特殊的概念：依附（Supervenience）。

> 如果 X 是依附于 Y 的，那么一旦 Y 不存在，X 也就不复存在。

电子书看起来和物理事物非常不同，但是归根到底，它是依附在物理对象之上的。以电子书为例，它最终是由一连串 0 和 1 的二进制字符串构成的。它可能是 1001010111……这些二进制字符串是怎么实现的呢？它是由硅基材料的电磁属性实现的。也就是说，硅基材料以特定的模式排列，最终构成了我们能看到的电子书。电子书其实就是这些硅基材料的一个属性。如果这些硅基材料以另外的特定模式排列，那么就会产生一本新的电子书，或者是一段程序（Program），或者压根就是毫无意义的字符串。按照这种想法，如果两个事物的物理属性完全一致，那么它们的其他属性也必然完全相同。同样的道理，不会有这样的两段脱氧核糖核酸分子，它们的物理属性完全相同，却蕴含不同的 DNA 遗传信息。按照同样的方式，心理状态、社会习俗，乃至道德等也都可以得到合理的解释。这些东西看起来一点也不物理，但是归根到底，仍是依附于物理的。

最后，物理主义当然也还面临许多重大挑战。比如说，怎么解释意向性（Intentionality）？怎么解释感受质（Qualia）？等等。亨普尔对物理主义也曾提出过重要批评。物理主义是物理学主义吗？物理主义背后的物理学到底是什么样的？它是当前的物理学吗？如果它是当前的物理学，那么其中肯定有错误的部分，这一点很难否认。这样的话，它就很可能会搞错什么存在，什么不存在。它是成熟的理想的物理学吗？如果它是最终的成熟的物理学，其中的内容都是真的，那么这样的物理学尚未为人所知，它对于我们界定何者存在，何者不存在又有什么价值呢？常有类似的说法，灵魂等事物是真实存在的，截然不同于物质，只不过当前的物理学仍是初级阶段，没有探究到而已。这就是所谓的亨普尔两难。虽然有这样那样的困难，但是物理主义仍是当前最好的本体论理论，也是哲学家对世界的最好看法。它本身也还在发展，这些问题也有机会得到解决，或消解（王晓阳，2020）。

在这里，笔者只打算给出一个比较保守的看法。什么是物理的？所谓物理的，至少物理学中比较成熟的那部分所承诺的存在，都是物理的。这对于本书的讨论已经够用了。

二　什么是痕迹？

现在我们转到第二个问题，什么是痕迹？痕迹并不是什么专业术语，而是在日常生活中被广泛使用的概念。字典里的解释是，痕迹是某物经过的可察觉的形迹，如船的航迹、足迹线或轮辙等。除此之外，还引申出一些其他意义。例如袁枚《随园诗话》中有“古人作文，摹仿痕迹未化，虽韩柳不免”，这就和一般的形迹有所不同了。

法学对于痕迹有深刻的研究。痕迹是法学中物证里非常重要的一类。按照场景，可以分为火灾痕迹、车体痕迹、弹道痕迹等。法学领域的相关研究者对于痕迹的本质及其成因有着相当准确、精到的看法。大致可以梳理如下：

> 当某物作用于另一物时，一般会在承受物上留下痕迹，有时也会在作用物上留下痕迹。如果这些痕迹的形成与案件或其他待证事实有联系，就构成痕迹证据。

这里面还有一个颇有意思的洛卡德定律，也称“洛卡德交换定律”。这是法国法医学家、犯罪学家埃德蒙·洛卡德（Edmond Locard）提出来的，其核心在于：

> 任何接触，都会有痕迹留下；
> 但凡两个物体接触，就会有物质交换。

保罗·克里克（Paul Krik）的这段话准确解释了洛卡德原则：

> 不管他曾踏足何地，触碰过什么，无意之间留下的一切都将作为无声的证人来指证他。不仅仅是他的指纹或足迹，还有他的头发、衣服上的纤维、他打碎的玻璃、留下的工具痕迹、划破的油漆，还有血迹或是精液。所有这些以及更多，都在默默作证。它们不会忘记什么，不会因为当时的激动而混淆，不会因为人类证人的缺席而不存在。它是确凿的证据。物证不会出错，它不作伪证，更不会消失。只是人类可能没有发现、研究和理解它们，这难免减损其价值。（Kirk，1953）

在犯罪现场，犯罪嫌疑人一定会带走一些东西，也一定会留下些什么东西；这些东西也就是痕迹证据。在犯罪发生时，犯罪嫌疑人、犯罪现场的各种事物，它们一定有相互作用。相互作用一旦发生，就不会毫无后果，肯定会给彼此留下痕迹。在这些痕迹里面，蕴含了丰富的事物相互作用的相关信息。一旦解码了这些信息，事件真相也就水落石出了。当然，有些信息可以直接获得。比如说犯罪嫌疑人遗留在现场的脚印，一看便知。还有一些信息是不容易直接获得的，只能通过科技手段间接获得。比如说，犯罪嫌疑人遗留在现场的毛发，其中蕴含的DNA信息就需要各种精密仪器才能获得。这种信息也有赖于人们认识水平的提高，科技的发展。

在这里，我准备将痕迹证据的概念拓展到哲学中来。首先，现代物理学中，相互作用是基本的物理概念。总共有四种相互作用方式，即引力、电磁力、弱力以及强力。统一这四种力也是物理学努力的方向之一。不管怎么样，至少事物之间存在普遍的相互作用，这种作用可以用物理学的力（或场）来刻画。物理事物之间相互作用，就会留下痕迹：

> 设想你走过一片泥地，在这个物理事件中，鞋子会和泥土相互作用。鞋子会粘上泥土，泥土上则会留下你的脚印。

在当代物理学中，也有很多这样的例子：

> 设想阴极射线，经过云室留下的轨迹。云室里面充满了过饱和的水蒸气或酒精。当阴极射线与云室内的混合物相互作用时，就会将混合物离子化，造成的离子会扮演凝结核的角色，使得离子的周围产生雾气。

其他的事件，如心理事件、社会事件等，看起来不是物理事件，但若接受物理主义框架，那么这些事件归根到底也是物理事件，它们是依附于物理事件而存在的。这些事件同样也会留下痕迹，这些痕迹也只能是物理的。

设想你看见眼前一抹红色，红色的光线在你的视网膜留下痕迹。

设想你听到一阵雷声，声波在你的耳膜留下痕迹。

不难想象，可以从这些痕迹中推断你到底听到了什么、看到了什么。心理状态作为证据，归根到底也就是这些痕迹。当然，这里并没有采纳一种内在主义的辩护观。许多痕迹，你也许并没有察觉到，痕迹作为证据无须认知主体能够察觉（aware）。但是，通过科学手段，可以从这些痕迹推论得出当初发生了什么。这一点在后面物理痕迹与证据心理主义的对比中会得到更清晰的呈现。

简而言之，世界本身归根到底是物理的。物理事物之间相互作用是最普遍的情况，这些相互作用正是当代物理学研究的课题。凡是相互作用，就会留下痕迹。有些痕迹可能不容易为人所察觉，又或者不够稳定，转瞬即逝，又或者被有意清除掉（你可以想象走过一片海滩，留下的脚印转瞬就被海水淹没，消失不见）。但是，不管怎样，这些痕迹中包含了丰富的信息；一旦解码了这些信息，那么事件的真相就能够得到还原。

第二节　为什么证据是物理痕迹?

证据是命题，证据是认知者内在的心理状态，这是当前哲学理论界最流行的两种证据本体论主张。本书的主张是，证据是物理痕迹。在这一部分，笔者将主要比较证据物理痕迹说与另外两种学说，并以此说明证据物理痕迹说到底是一种什么样的主张，以及它有什么样的理论优势等。

一　物理痕迹与命题

一把带血的尖刀，通常被认为是重要的犯罪证据。威廉姆森对此提出批评，一把带血的尖刀，本身不会“说话”，它不会告诉我们关于犯罪事件的任何内容。真正的证据应该是一个命题，如〈这把尖刀上有张三的指纹〉。这个命题是真的，并且它能够参与到各种推理活动中，从而为最终的结论〈张三是凶手〉提供必要的辩护。

> 甚至在法庭上，一把血迹斑斑的尖刀提供了证据，是因为起诉人和辩护人对于刀上为什么血迹斑斑或者被告为什么会拥有它提供了相互竞争的假设；证据命题是：这把尖刀血迹斑斑，或者是被告拥有这把尖刀。刀是无穷多这类命题的一个来源。（威廉姆森，2013：246）

按照威廉姆森的想法，刀提供证据，但它本身不是证据。这种想法将证据局限在推理活动之内，局限在他所熟悉的各种推理中。但是，更有意思，也更重要的话题是，刀为什么是无穷多这类命题的一个来源。或者说，这些命题是怎么从一把尖刀里出来的。威廉姆森对此不置一词，他不关心这片陌生的领域，但它是整个证据活动不可或缺的一环。

证据物理痕迹说会给出另外一套说明，且看它们之优劣。一把血迹斑斑的尖刀之所以是证据，乃是由于尖刀上有很多案件相关事件的痕迹。犯罪嫌疑人曾经和这把尖刀有过接触，接触就会留下物理痕迹，这些痕迹可能是指纹、可能是毛发；带血的尖刀与受害者的身体也有过接触，也会留下痕迹，那些斑斑血迹就是痕迹。因此，我们说那把带血的尖刀是证据，乃是由于它上面有很多事件发生，遗留下来了许多物理痕迹。这些物理痕迹能够用命题来表征，然后这些命题进入各种推理活动中去，得出真正的结论。

因此，一个完整的证据获得过程是这样的：

1. 明确哪一种物理痕迹才是真正的证据；
2. 采用直接或间接手段，从物理痕迹中提取相关信息；

3. 用命题的形式表征这些信息；

4. 从命题推理得出真相。

威廉姆森的着眼点仅仅是第4步，他完全忽略了前面3个步骤。这种想法也因此没法覆盖整个证据活动。事实上，这里面每一步都可能出错。

在第1个步骤，我们可能将一把带血的尖刀上的指纹当作证据，但这把尖刀可能并不是凶器。犯罪嫌疑人碰巧是个屠夫，他随身携带了多把尖刀。真正的凶器已经被他扔到一个不知名的湖里。被查获的带血的尖刀上的血迹其实是动物屠宰遗留下来的痕迹。

在第2个步骤，不管是间接还是直接手段提取信息，都可能出错。这里有一个有意思的案例。众所周知，DNA是当代的“证据之王”，准确率能达到99.999%以上。但是，鉴定DNA并不是一件容易的事情。由于DNA污染、鉴定过程出错等原因，DNA作为证据不像人们想象得那么可靠，这也是我们需要多次重复鉴定的原因。简而言之，提取DNA证据的是人，人出错的概率并不低。

笔者在这里还想指出的是，第3个步骤并不是必需的。有些证据并没有用命题的形式去表征，而是采用了其他的形式，如图片。我们的推理活动也不总是以命题形式呈现的：

> 设想有两张照片。第一张照片有两个人，甲和乙。他们站在平地上，甲比乙要高出一个头。第二张照片还是有两个人，乙和丙。他们也站在平底上，乙比丙要高出一个头。

从这两张照片，我们可以轻易得出这样的结论，甲比丙要高。并且，就算没有语言能力，没法掌握命题的孩童、高等动物也可以完成这样的图像推理。甲比丙要高，这个结论的证据是什么，就是那两张照片，而不是从照片得出的什么命题。按照威廉姆森的想法，照片仍然不会是证据，证据可能会是这样一个命题：**照片是如此这般的**。让我们来看看威廉姆森自己的说法：

> 考虑这样一个例子。我想要通过形状来辨认一座山。我能看到它的尖顶，它的顶是尖的，这是我相信它并非本·尼维斯山的证据之一。然而，命题〈它是尖顶的〉并没有穷尽我当前的知觉经验。毕竟，一图胜万言。但是，这不代表我的证据因此就是非命题式的。如果我想传递自己的证据，那么我可能会指着那幅画说“它的形状是如此这般的”。当然，这句话的纯语言意义并不能传递我的证据。因为我是在一个特定语境下陈述那个命题的……（威廉姆森，2013：249）

这种回应方式实在是削足适履，显然是先入为主，为证据是命题提供一个不得已的说法。任何有正常心智的头脑，都不会愿意接受这样的说明。

二　物理痕迹与心理状态

接下来的部分，笔者将为证据物理痕迹说优于证据心理状态说提供一个辩护。费德曼与科尼当然意识到自己的证据观与法庭证据观、科学证据观是格格不入的，科学家怎么会把经验感受视作最终的证据呢？因此，他们做了一个区分：科学证据与辩护证据，且看他们自己是怎么说的：

> “证据”一词的常见使用方式是：证据是客观世界某些状态的可靠标记。例如，指纹表明某人曾经接触过该武器；烟从烟囱里冒出表明壁炉下有火；斑点表明儿童患有麻疹；等等。（Conee & Feldman，2008）

这里的证据指的是科学证据（scientific evidence）。它是客观的，是公共可获得的（public available）。但是，他们想要的并非这种证据。他们心目中的证据是辩护证据（justifying evidence）。设想某人不知道指纹到底是什么，也不明白指纹的机理，一千年前人人都是如此。这个时候，指纹仍然是科学证据，但不再是辩护证据，也不能为相关案件提供辩护。毕竟，你能想象一千年前人们用指纹证据断案吗?

> 我们所使用的证据指的是辩护证据。因此，即使 F 是 L 的科学证据，F 本身并不足以成为 L 的辩护证据。F 加上 F 与 L 之间关系的信息，这才是 L 的辩护证据。更一般地，某物可以成为某主张的科学证据，但不成其为辩护证据。辩护证据本身就是相信的理由，是一个可以用来作为相信之根据的东西。(Conee & Feldman，2008)

在笔者看来，费德曼与科尼人为割裂了证据概念，我们想要的证据概念是他们所谓的科学证据与辩护证据的总和。科学证据可以很容易被理解成某种物理痕迹——指纹、烟、斑点，这些都是相关事件发生后留下的物理痕迹。嫌犯曾经握过凶器，从而留下了指纹；东西燃烧，从而留下了烟；病症爆发，从而在脸上显示出斑点痕迹……这里就不再继续展开讨论了。

费德曼与科尼为什么还需要辩护证据这个概念呢？这是因为在他们心目中，科学证据其实不是真正的证据。他们的论证思路大致是这样的：

> 1. 证据必须能够辩护信念。
>
> 2. 能够辩护信念的东西必须是认知主体内部的，或者能够被认知主体所觉知（aware）。(内在主义论题)
>
> 3. 满足条件 2 的东西只能是经验感受以及信念。
>
> 4. 只有经验感受和信念才是证据。

关键就是他们的内在主义论题，即前提2，也就是这个论题拒斥了科学证据。更根本地，是他们对证据概念的狭隘理解，即前提1，把证据概念与辩护捆绑在一起。阿尔文·戈德曼（Alvin Goldman，2011）曾经有过批评，证据主义的证据概念要么是含糊不清的，要么是循环的。什么是辩护？证据主义的回答是，信念获得辩护就是它获得充分证据支持。什么是证据？证据就是那些能够辩护信念的东西。

> 在一篇证据概念的综述里，托马斯·凯利（Kelly，2016）提出了几种值得讨论的证据概念。首先，证据可以被理解为“那些辩护信念的东西”。正如金在权（Kim，1988）所言，“当我们在认识论意义上谈论‘证据’的时候，我们就是在谈论辩护：某个东西是另外一个东西的证据，这无非是说前者提高了后者的合理性或辩护程度。”这是费德曼与科尼所设想的证据概念吗？如果他们想要给“辩护”一个分析或解释的话，这恐怕不行……如果将证据定义成是那些辩护信念的东西，那么用证据来定义辩护，就是循环的，对于我们理解辩护也不会提供任何帮助。（Goldman，2008）

不管怎样，证据物理痕迹说可以很好地说明科学证据的内涵，辩护证据也不例外。按照费德曼与科尼，辩护证据有两种，一种是经验与感受（experience and feeling），它们主要是伴随知觉、记忆、内省、推理等认知活动而来的经验感受，以及一些理性的直觉（rational insight）。它们是最终的证据（ultimate evidence），本身无须辩护。例如：

1. 我感觉到冷，这是天气转凉的证据。（知觉经验）

2. 我记得今天是星期三，这是今天真的是星期三的证据。（记忆经验）

3. 我觉得王天一要么是象棋特级大师，要么不是象棋特级大师，没有其他可能。（理性直觉）

还有一种辩护证据是信念。信念也可以支持其他信念，使之获得辩护，这种情况非常普遍。

4. 我相信王天一是象棋特级大师，因此我相信他象棋下得特别好。

5. 我相信王天一是院士，因此我相信他的学术水平特别高。

后一信念建立在前一信念的基础之上，并获得前者的充分支持；前一信念就是后一信念的证据。但是，并不是所有的信念都是证据。在上述两种情形里，只有 4 是证据，即〈王天一是象棋特级大师〉。5 例示的并不是证据，〈王天一是院士〉这个信念本身并不恰当，它没有获得辩护。事实上，它也是错的。因此，能够充当证据的信念，其本身也应当是获得辩护的。这些辩护最终来自何方呢？追根溯源之下，它们只能来自第一类证据，即经验感受。第二类证据也因此被费德曼与科尼称为衍生证据或派生证据（derivative evidence）。

因此，事实上，我们只需要说明第一类证据，即经验感受，它们与物理痕迹有什么样的认知关联，就足以理解费德曼与科尼所谓的辩护证据。本书的基本立场是经验感受其实是一种特殊的物理痕迹，它是人的感知觉器官与外部世界相互作用，从而遗留在人的感知觉器官上的痕迹。感知觉器官正是通过这种相互作用，从而认识外部世界，这也是唯一可能的方式。

1. 我感觉到冷，这是天气转凉的证据。（知觉经验）

为什么我会感觉到冷呢？一个科学的故事可以分成两个方面，一方面是当前的；另一方面是历史的。我感觉到冷，这是我的身体感觉器官与外部环境，即气温发生了相互作用。我可能会觉得冷飕飕的，还可能打寒战，会觉得很不舒服。为什么我们会感觉到冷呢？这个故事就是达尔文进化论。我们的身体与外部世界长期共存，交互作用，形成了稳定的耦合关系。这也使得一旦天气转凉，我们就能感觉到冷。

当然，我们的感觉会出错，实际温度是 30 摄氏度，天气压根就没有转凉。在这种情况下，感觉经验是否仍是天气转凉的证据呢？这里可能会有不同想法。费德曼与科尼认为此时感觉经验仍是天气转凉的证据，你不能因为天气没有转凉就反对自己感觉到冷。感觉到冷是认知主体内在的一种感受（inner experience），它可以被反驳，被其他证据驳斥，但它不会丧失证据地位。另一种看法是，此时感觉经验就不再是天气转凉的证据了。比如说，某些可靠主义者会认为，此时内部的经验感受不再能够可靠标识外部世界状况。你感觉到冷，但其实天气并没有转凉；事实上，你对温度的感觉认知机制失败了。

笔者同情后一种立场，可靠主义的理解能够更好地和自然科学（如进化论）友好相处。物理痕迹与可靠标记的说法也有很多共同之处。不过，在这里，笔者不打算选定其中的某种立场。证据是物理痕迹，本书的这个主要想法和两种思路都是相容的。从物理痕迹到世界真相，这是一个最佳解释推理的过程，是有可能出错的。外部世界与我们身体的感知觉接收器相互作用，遗留下物理痕迹，我们再从这些物理痕迹得出世界的真相。这里可能是无意识的推断，也可能是直接的把握。不管怎样，它们都是会出错的。简而言之，证据是物理痕迹能够理解并说明何以感知觉经验能够成为证据，并且是最终的证据。同时，它也可以说明为何有时感知觉经验会出错。

2. 我记得今天是星期三，这是今天真的是星期三的证据。（记忆经验）

现在，让我们来看看记忆经验是怎么回事。记忆经验何以能够用物理痕迹来解释呢？这里的一个重要概念是记忆痕迹（memory trace），它可以追溯至古希腊的哲学家，如柏拉图“经验在我们的记忆中留下痕迹，就像印章在蜡板上留下印记一样”。这种想法一直被继承下来，笛卡尔、休谟、洛克等也都持有类似主张。在20世纪，记忆痕迹的说法曾被批评为仅仅是理论性的，或者说是不真实的。即使不预设记忆痕迹这一理论实体，各种记忆现象也可以得到很好的说明。既然如此，记忆痕迹就是多余的，不必要的。

笔者反对这种想法，蒯因对于证据曾有这样的理解：

> 感知接收器获得的物理刺激就是一个人拥有的所有证据，他的整个关于世界的图景都不得不建立在这些刺激的基础之上。（Quine，1969）

感知接收器与外部世界相互作用，就会遗留下来痕迹。感知接收器也就是根据这些痕迹去推论（往往是无意识的）外部世界到底是什么样的，发生了什么。在记忆经验中，情况要更特殊一点。所有的记忆系统都有三个组成部分：一是编码，将信息存储进去；二是存储，在一个时间段内保存信息；三是提取，重新获得当初存储的信息。不管是一盘录音带、一个硬盘还是一个图书馆，原则上都是如此。在这里，本书没有给出一幅完整的图景，比如说记忆痕迹到底是什么、它是什么样的物理对象。有兴趣的读者可以进一步参考费利佩·德·布里加德（Felipe De Brigard，2020）的论述。

有一点或许值得多谈论一点。记忆理论中有一个重要区分，那就是可获得与可通达的（availability and accessible）。有些信息，尽管被存储在记忆系统之中，但是并不容易获得。比如说，你看见一个熟人，但是就是突然想不起来他叫什么，这在英文里有一个专有名词——tip of the tongue。在汉语里面，也有类似的说法，提笔忘字。你明明知道一个字是怎么写的，但是一提笔就忘记了。这些信息已经被存储起来，它们是可获得的。但是，此时此刻它们却没法被提取，因而是不可通达的。按照证据是物理痕迹的立场，只要是可获得的信息，必有物理痕迹与之相对应；它们都是证据，不管是否容易提取，或者能否提取。这种想法与证据心理主义的看法并不完全一致。

证据心理主义者主张在以下两个极端立场之间取一个合适的位置。

（严格）只有不需要任何操作，当前能够记忆起来的信息才是证据。

（宽松）不管需要多复杂操作，只要能够记忆起来的信息就是证据。

有些记忆信念或经验感受，只需要稍加反思即可获得；还有些记忆信念或经验感受，则可能需要长时间的专业治疗，才有获得的机会。在证据主义者心目中，一个合适的立场应该是介于这两者情况之间。排除掉那些太难获得的记忆信念。这也是证据心理主义的一个困难，它很难给出一个合适的标准。与之相对地，证据痕迹说并不需要给出这样一个标准。所有的记忆痕迹都是证据。

3. 我觉得王天一要么是象棋特级大师，要么不是象棋特级大师，没有其他可能。（理性直觉）

最后，如何理解理性直觉作为证据呢？这种想法似乎和证据物理痕迹说格格不入。这里面似乎压根就没有什么物理事物之间的相互作用，也没有什么物理痕迹。如果理性直觉也可以充当证据，那么证据物理痕迹说就是错的，或者至少是不完整的。在这一部分，本书打算给出一个简略的回应。后面一个章节，笔者将仔细讨论一种特殊的理性直觉，即思想实验作为证据。证据物理痕迹说可以有多种回应方式，它可以拒绝理性直觉作为证据，也可以拒绝给出恰当的回应，毕竟证据心理状态说和证据命题说也没有对此给出一个足够好的说法。具体而言：

（1）数学或逻辑命题是自明的（self-evident），并不需要什么证据。

2 + 3 = 5，它就是真的，不再需要其他证据。设想一下欧几里得的公理，它们是一切的基础，本身也不再需要其他证据。那么，还有许多复杂的数学命题呢？比如说张益唐证明的素数有界定理，它的证据会是什么呢？本书的答案是，它也没有证据。这听起来颇为古怪，如果没证据，那么数学证明是怎么回事？一种想法是援引逻辑实证主义或早期维特根斯坦：

> 6.1 逻辑命题是重言式。
>
> 6.1.1 因此，逻辑命题什么都没有说（它们是分析的命题）。
>
> 6.1262 逻辑证明只是在情况复杂时用于识别重言式的机械手段。
>
> 6.2 数学是一种逻辑方法。
>
> 数学命题是等式，因此只能是伪命题。
>
> 6.234 数学是一种逻辑方法。
>
> 6.2341 数学的本质就在于用等式来工作。因为这种方法就决定了所有数学命题都必须是不言自明的。（维特根斯坦，2021）

也就是说，所有数学、逻辑真理，都不需要什么证据。它本身就是真的。所谓的证明过程，只不过是帮助我们理解、把握其真理而已。

（2）数学、逻辑领域的证据与其他证据有着显著差异。在数学、逻辑等纯粹思辨领域，证据必须能够逻辑蕴含结论。也就是说，证据能够必然推论得出结论，这与其他领域形成了鲜明对比。无论是科学、法律、医学还是其他任何领域，都不可能出现这种情况。证据没法确保理论（或假说）是真的，永远有出错的可能性。按照一种简单的区分，在数学、逻辑等领域，起作用的是演绎逻辑（deductive logic）；在其他领域，起作用的是归纳逻辑（inductive logic）。证据是物理痕迹，这种理解确实没法很好地应用到数学、逻辑等领域。但这不全是缺陷，它可以准确把握数学、逻辑与其他学科的不同之处。

科学哲学家彼得·阿钦斯坦(Peter Achinstein)讨论证据的一个片段准确地把握了这种想法:

> 最后,尽管这两位作者(亨普尔和卡尔纳普)都允许e蕴含h(作为一个"极端"情况),我怀疑这样的证据概念有什么用。〈阿兰的皮肤是黄色的〉,这不是〈阿兰的皮肤是黄色〉的证据。这样的证据好得令人难以置信。(Achinstein,2010:5)

(3)证据心理主义和证据命题主义同样没法很好说明理性直觉作为证据,这个问题不是证据痕迹说特有的。理性直觉到底是什么?为什么它可以成为证据?比如说,证据心理主义的说法是,证据支持关系是一种解释关系。一个简单的刻画是:

> 如果h是e为真的最佳解释的一部分,那么e就是h的证据。

在案例3中,h是〈王天一要么是象棋特级大师,要么不是象棋特级大师,没有其他可能〉。e是我觉得〈王天一要么是象棋特级大师,要么不是象棋特级大师,没有其他可能〉是真的。为什么我会觉得〈王天一要么是象棋特级大师,要么不是象棋特级大师,没有其他可能〉?因为〈王天一要么是象棋特级大师,要么不是象棋特级大师,没有其他可能〉是真的;或者说,〈王天一要么是象棋特级大师,要么不是象棋特级大师,没有其他可能〉是我之所以会这么觉得的最佳解释的一部分。这种想法有其合理之处,但是它和数学实践之间有着难以逾越的鸿沟。我觉得黎曼猜想是真的,这能够成为黎曼猜想是真的的证据吗?很多数学工作者也有同样的直觉,这些都是黎曼猜想是真的的证据?

在以上内容中,笔者对比了证据物理痕迹说与两种主流的证据本体论主张:命题主义和心理主义。基本结论如下:

首先，证据物理痕迹说可以囊括更多的证据现象。证据命题主义将证据活动局限在推理活动内，证据心理主义则将证据活动局限在认知主体内部。事实上，证据活动不仅仅限于推理活动，认知活动的方方面面都有“证据”的身影，比如说搜寻证据、掩盖证据、伪造证据、销毁证据、保全证据、固定证据等。这些证据活动也不是局限在认知主体心智内部的，而是存在于心智与外部世界的互动中的。证据物理痕迹说能够很好地理解这些证据活动，是一个更可取的证据本体论主张。

另外，物理主义是当前主流的世界本体论主张。世界上的万事万物无非是物理的，或者是依附在物理对象之上的。证据物理痕迹说与这种本体论主张能够紧密契合起来，这是它的一大优势。证据命题主义需要说明，到底什么是命题？证据心理主义需要说明，内在的心理状态与外部世界之间到底是一种什么关系？在这方面，证据物理痕迹说显得更为自然。

第三节　所有证据都是物理痕迹吗?

这一部分将考察一些可能的反驳。简单来说，有些东西（或信息）通常被认为是证据，但它不是物理痕迹，也不来源于物理痕迹。如果这样的话，那么有些证据就不是物理痕迹，这对于证据物理痕迹说是一个很大的理论缺陷。并且，它会诱使人们设想，如果 X 是证据，但是 X 既不是物理痕迹，也不来源于物理痕迹，那么是什么使得 X 成为证据的？是不是使得 X 成为证据的其他要素 Y 才是真正的证据呢？

接下来，笔者将考察三类这样的事物。第一类是预测证据（predictive evidence）；第二类是证言证据（testimony evidence）；第三类是电子证据（digital evidence）。更重要的一类反驳是各种思想实验（thought experiments），笔者将用后面一整章的内容来讨论，这里暂且略过。

一　预测证据

在证据领域，存在这样一个重要区分：解释证据与预测证据

（explanatory evidence vs. predictive evidence）（翁永坤、朱菁，2015）。有些证据是我们在提出理论之前就已经知晓的，需要我们去解释的，多数证据都是这种情形。比如说，门捷列夫在提出他的元素周期表时，已经知晓了六十多种元素，他提出的元素周期表的基本要求就是能够解释已有的六十多种元素。还有些证据比较特殊，它在我们提出理论之时并不为人知晓，或者至少理论提出者并不知道。门捷列夫在排列完成已有的六十多种化学元素后，还留有四个空缺的位置，并且预测了这四种化学元素的性质。1874 年，镓元素被成功发现，并且其性质与门捷列夫的预测吻合得很好。1877 年，第二个元素钪元素被发现。1886 年，第三个元素锗元素也被发现。1937 年，在门捷列夫去世 30 年后，人们最终发现了第四个元素锝元素。后四个元素就是典型的预测证据。

一般而言，我们会认为预测证据是一种典型的证据，它能够比解释证据更强有力地支持理论（或假说）。但是，它是物理痕迹吗？物理痕迹有一个重要特征，就是时间滞后性。只有在事物相互作用之后，才有可能存在痕迹。我们不能指望在事件发生之前，就能找到相关痕迹。但是，预测证据却好像是在事件发生之前的，那么它还是一种物理痕迹吗？

答案是肯定的。罗宾·科林斯（Robin Collins）用表 3－1 来显示解释证据与预测证据的不同之处（Collins，1994）。

表 3－1

	解释证据	预测证据
1	理论加上适当的已知的背景信息，能够逻辑推导得出某现象在一定条件下会发生	理论加上适当的已知的背景信息，能够逻辑推导得出某现象在一定条件下会发生
2	在提出该理论之前，该现象已经为人们所熟知	在提出该理论之前，该现象并不为人所知
3	构造理论正是为了解释该现象	构造理论的目的与解释该现象无关

不难看出，预测证据的主要特征也是它和解释证据的差别，主要体现在特征 2 和 3 上。其要旨在于，科学家提出理论之时的各种心理状态，如他是否知晓某现象，其意图是否在于解释某已知现象等。这些差别并没有妨碍预测证据仍是一种事物之间的相互作用。我们之所以将之命名为预测，只不过是之前尚不为人所知而已，它其实一直存在。因此，预测证据其实并没有真正反驳证据物理痕迹说。预测证据反对证据物理痕迹说，这种理解更多的是一种误解。解释证据与预测证据的区分并没有为证据物理痕迹说带来任何困难或是障碍。

爱因斯坦的相对论预测光线经过大质量物体的时候会发生偏折现象，这种现象匪夷所思，之前根本没有人设想过，但是它一直存在。人们不知道现象 Q，并不意味着现象 Q 没有发生。

二　证言证据

什么是证言证据？在此，需要先说明的是，这里谈论的证言证据并不局限于法庭上证人的证言。证言证据的范畴远比那来得宽广。一般而言，我们的知识有这么几个来源：感知觉、记忆、内省、推理，以及证言。与其他知识来源相比，证言是比较特殊的。其他知识来源都只涉及一个主体，但证言至少涉及两个认知主体：讲述者和听者（speaker and hearer）。事实上，我们的多数知识都是来自证言的。

1. 我的朋友 M 告诉我，下周五是学校运动会，不用上课。
2. 我在人民日报头条看到消息，普京来访中国。
3. 我的孩子从一本高中物理学教材中看到牛顿第一定律：如果物体不受外力作用，那么它将保持静止或者匀速直线运动。

以上均是证言证据的例子。

初看起来，证言证据与物理痕迹并没有什么关系。如果存在证言证据，并且证言证据没法还原为物理痕迹，那么证据物理痕迹说就是不恰当的。在这部分，笔者将着重处理这个困难。

首先需要明确的是，哲学家们普遍认可这样的想法：证言可以辩护信念，或者证言是我们获得知识的一种重要途径。但是，他们对于为什么证言可以辩护信念有非常不同的想法。第一个重要区分是：还原主义与非还原主义。简单来说，还原主义者认为，证言证据能够还原为其他证据，如感知觉证据、推理证据等。非还原主义则否认这种想法，如果还原主义是对的，证言证据真的能够还原为其他证据的组合，那么证据物理痕迹说遇到的困难也就迎刃而解。在前面一部分，已经讨论过感知觉证据、记忆证据、内省证据和推理证据等如何能够还原为物理痕迹，或者由物理痕迹得到理解。根据还原主义，听者相信讲述者的证言是获得辩护的，当且仅当（1）听者有证据相信讲述者的证言是可靠的，并且此证据最终不是基于其他证言的；（2）没有任何未被击败的击败者，此击败者表明讲述者的证言是假的或不怎么可能为真。

现在，让我们先来看一下还原主义到底是怎么一回事。

以上面的案例2为代表，还原主义会这样来理解：我看到《人民日报》报道了普京来华的新闻，由此相信了普京真的来中国了。这其实隐含了下面这个推理：

P1.《人民日报》报道了普京来华的新闻。

P2.根据《人民日报》的报道去形成信念是一种足够可靠的信念形成方式，毕竟它上面不会有什么假新闻（fake news）。

C.所以，普京真的访问中国了。

这里的前提P1来自你的感知觉经验，你真真切切地看到了这个报道；并且不存在这样的情况：你看到的是一张伪造的《人民日报》，并且公安机关已经抓捕了伪造《人民日报》的犯罪分子，也通知了所有看过这份伪造《人民日报》的人（这部分意在满足上述的条件2，没有未被击败的击败者）。前提2来自记忆经验，你清楚记得以往根据人民日报的新闻去形成信念会是一个什么样的结果。

当然，还原主义面对诸多挑战。最关键的是，它使得证言证据的门槛太高。设想你来到一个陌生的城市，向一位陌生人问路，王府路怎么走？路人告诉你，王府路就在前面，你可以先往东走大概 200 米，再往南走 30 米就到了。你能相信路人说的吗？你有其他什么证据表明路人说的是真的吗？限于篇幅，本书对证言还原主义的讨论就只能到这里了。下面将讨论证言非还原主义。

如果我是一名证言非还原主义者，这是否意味着我必须放弃证据物理痕迹说呢？答案还是否定的。

证言非还原论最早可以追溯到英国哲学家托马斯·里德（Thomas Reid）。在非还原论者看来，还原论是过分严苛的（over demanding）。即使没有（正面）证据，我们依然有权去相信其他人的证言。为了方便理解这一点，我们可以比较一下法学中的有罪推定和无罪推定。有罪推定预设嫌疑犯是有罪的，除非有（正面）证据表明他是无辜的；无罪推定预设嫌疑犯是无辜的，除非有（反面）证据表明他是有罪的，不是无辜的。证言还原论者的立场类似有罪推定，他们预设证言是假的，除非有正面证据表明证言其实是真的。证言非还原主义者则预设证言是真的，除非有反面证据表明证言其实是假的。

表 3－2

	预设	证据
有罪推定/证言还原论	疑犯有罪/证言是假的	需要正面证据
无罪推定/证言非还原论	疑犯无罪/证言是真的	不需要正面证据，只需要没有反面证据

因此，只要没有证据表明证言是假的，我们就有权去相信证言。换言之，在非还原论者心目中，证言其实并不需要正面证据。下面是一个更严谨的说法：

> 听者有权相信讲述者的证言，只要它们没有未被击败的击败者（no undefeated defeater）。击败者表明讲述者的证言是假的，或不怎么可能是真的。除此之外，有些非还原论者还要求听者对环境中的潜在击败者敏感。（Leonard，2023）

不难设想，证言非还原论者的一种典型主张是，证言本身并非证据。证言可以为信念提供辩护，可以产生知识，但它并不是证据。证言的担保论就是这样一种主张。证言是一种担保（assurance），而不仅仅是断言（assertion），是讲述者对听者担保，他的证言是真的，他可以完全采信。这种担保在本质上是非证据的。爱德华·欣奇曼（Edward Hinchman）给出了一个确切的说明：

> 告知：讲述者S告知听者A命题p的充分必要条件是：（1）A能够识别出，讲述者S在断言p的时候，有意图I。
>
> （2）（S的）意图I就是A获得一个相信p的资格或权利（entitlement）。
>
> （3）A获得了这样一个相信p的资格或权利，直接就是A识别出S的意图I的结果。（Hinchman，2005）

举个例子，设想你的朋友老王告诉你，最近某平台上某咖啡有优惠券，9.9元一杯。这是你和老王之间的一次互动，而不仅仅是老王断言了什么。通过诉说，老王给了你一个担保，〈某平台上某咖啡有券，9.9元一杯〉。另外，你还可以设想老王告诉你最近某平台上某咖啡有优惠券的目的是吸引你下载该平台APP，上面其实并没有什么优惠券。也就是说，在后一种情形下，老王并没有让你获得相信〈某平台上某咖啡有券，9.9元一杯〉的资格的意图。缺少了这个意图，这种言语行为也就不能被称为证言。

证言的担保为什么在本质上不是证据性的呢？证据都能够支持

（或）反对一个命题，它和意图是没什么关系的。比如说，嫌疑犯在犯罪现场留下了脚印。不管嫌疑犯有没有留下脚印的意图，那一连串脚印都是证据。但是，在证言的担保观里，讲述者的意图是特别重要的一部分。如果讲述者没有传递相信之资格的意图，那么不管讲述者断言了什么，都不构成证言。正是在这一点上，证言与证据分道扬镳。

1. 证据与特定认知主体的意图无关。
2. 讲述者的意图是证言不可或缺的重要组成部分。
3. 所以，证言不是证据。

如果证言不是证据，没有证言证据这回事，那么证据物理痕迹说遇到的挑战也就迎刃而解了。总而言之，如果证言还原论是对的，那么证据物理痕迹说能够很好地说明证言证据的来源是物理痕迹；如果证言还原论是错的，那么证言可能压根就不是证据，证据物理痕迹说无须说明之。不管怎样，证据物理痕迹说都没有遭受到挑战。

当然，笔者在这里的讨论并不全面。关于证言，还有不少其他主张：

（1）证言证据的继承说，听者可以从讲述者那里直接继承后者的证据，证言证据可以得到那些证据的支持；

（2）可靠主义证言观，听者从证言获得信念的认知过程是可靠的；

（3）还有一系列杂糅的想法（hybrid ideas）。

笔者相信上面的想法也可以回应这些情况，这里就不充分展开讨论了。如果证言证据来自其他证据，那么物理痕迹能够很好地理解其他证据；如果证言压根不是证据，那么证据物理痕迹说无须对其加以说明。

三　电子证据

电子证据已经成为一类重要的法律证据。2002年，著名证据法学家何家弘就有过这样的论述：

> 就司法证明方法的历史而言，人类曾经从“神证”时代走入“人证”时代；又从“人证”时代走入“物证”时代。也许，我们即将走入另一个新的司法证明时代，即电子证据时代。（何家弘，2002：4）

那么，电子证据到底是什么呢？何以它会对证据物理痕迹说构成挑战？按照一种常见的理解，电子证据具有无痕性，即它不会留下物理上的痕迹。法学家刘品新对此有一个简要的反驳。电子证据其实可以留下物理上的痕迹，比如说有些电脑病毒会造成电脑的物理损坏，病毒造成电脑硬盘的损坏就是一种不折不扣的物理痕迹。另外，有些人从事色情网站、网络赌博等活动，也可以查到他的电脑或涉案光盘，这些都是痕迹。（刘品新，2017）

当然，这里还需要进一步说明。是不是存在某些电子证据，它是没有物理痕迹的呢？比如说，事实上绝大部分病毒不会造成硬件破坏。1999年，当时广为传播的Win95. CIH病毒曾经感染了数千台计算机，这个病毒会篡改保存在硬盘以及主板BIOS芯片上的数据，损坏其中的引导程序，导致电脑无法正常启动。但是，经过一系列处理之后，主板还是可以得到修复。简而言之，我们需要的是更一般的说明，电子证据其实都是物理痕迹，或者来源于物理痕迹。

一种方式是将所有电子信息还原到物理上去。我们清楚知道，所有的电子信息，包括各种电子证据，都可以用一连串0和1的二进制组成，如100101010……那么，0和1是怎么实现的呢？它其实是硅基元件的一种属性。因此，所有电子证据的背后其实是硅基元件的一系列组合。我们可以设想数据层和物理层。任何数据层的改变都必然引起物理层的改变。因此，理论上不难设想，电子证据其实是由物理痕迹实现的。

另一种方式是我们可以设想一个全新的概念：电子痕迹（Digital Trace）。如果我们秉持物理主义的世界观，那么电子（digital）当然也是物理的，或者说是依附在物理事物之上的。任何电子事件发生，也一定会留下电子痕迹。比如说，如果我们在电脑上打开某个 WORD 文档，那么 WORD 软件就会留下你曾经打开该文档的记录，这个记录就是一种典型的痕迹。这是在软件层面可以看到的，更底层的，你可以在计算机日志、缓存文件里看到该操作的记录。更有意思的是，如果你想要销毁这些操作记录（痕迹），那么也会不得不留下销毁这一事件的电子痕迹。

按照类似的思路，我们可以设想在一个元宇宙中，证据会是怎么一回事？它可能也是某种痕迹。一旦事件发生，就会留下痕迹。这个想法似乎可以跨越现实世界，直至任何世界。可以说，这是一个最为基本的原则。证据物理痕迹说，也可以相应地拓展到这样的元宇宙世界中。只不过，证据可能不再是物理的。证据物理痕迹说的核心是两点：一是物理主义的世界观，二是痕迹说。现在看来，痕迹说是更为基本的，它可以和其他本体论主张相互兼容。

最后，电子证据相对于普通物证，有时更容易被篡改、伪造。比如常见的 PS 技术等。法庭在认定电子证据时，一般也要求出示电子证据的来龙去脉，即它是怎么来的，而不仅仅是电子证据的内容。人们在对待电子证据时，需要持更加谨慎的态度，确保电子证据本身的真实可信，杜绝伪造的可能。目前各种技术手段，如深度伪造（Deepfake）（Matthews，2023）等就对电子证据的可靠性提出了重要的挑战。

第四节　物理痕迹的证据功能角色

在上文笔者将证据物理痕迹说与另外两种证据本体论主张相互比较，并就几种可能的反例——预测证据、证言证据、电子证据——给出回应。在这一部分，笔者将从证据的功能出发，分析物理痕迹能否比较完整地实现这些功能。

到底什么是证据？在哲学之外，各门学科有不同理解，法学证据、历史证据、科学证据，它们可能是完全不同的东西。在哲学内部，哲学家们也没有达成一致看法。罗素认为，证据就是感觉材料（sense data），它是感知过程中认知者直接获得的，也是私有的；逻辑经验主义者认为，证据是观察语句（observation statements），这是一类特别的陈述句，只能由特定的词汇构成；而贝叶斯主义者主张，证据是认知者确信的命题。其中一个很大的原因是，证据被认为能够扮演许多不同功能角色，比如参加各种命题推理、辩护信念等。这些功能之间可能是互补的，但也难免有相互冲突之处。哲学家们各自从心仪的角度出发，去理解诠释证据，就会有不同看法。

我们不妨从证据事实上被要求扮演的各种功能谈起，看看物理痕迹是不是能够承担这些功能，相比其他本体论又有什么优势。当然，我们不应该要求物理痕迹能够圆满地满足所有条件，而应该适当调整原先的哲学直觉。毕竟，不是所有对证据的直觉都是值得保留的。

美国哲学家托马斯·凯利（Thomas Kelly，2016）详细梳理了证据的各种功能。他认为，证据的功能大致可以分为以下四个方面：

（1）证据与真。证据能够支持（或反对）某个命题（假说或理论等），从而引导人们获得真理。有时，它被认为是相关命题为真的可靠标记。

（2）证据与理由。有不少哲学家认同这样一个等式：证据就是相信的理由（Evidence = Reason），两者是一回事。认知者根据相关证据做出判断，这被认为是认知合理性的来源。

（3）证据与认知辩护。证据能够为信念提供认知辩护。

（4）证据与客观性、公共性和主体间性。证据不是私有的（private），不是因人而异的，而是客观的、公共的，也因此具有主体间性。它是竞争理论孰是孰非、孰优孰劣的中立裁决者。

需要留意的是这些功能并非完全融贯。比如，如果采取辩护的内在主义立场，那么按照功能（3），证据就只能是内在于认知者，能够为认知者所反思到的各种心理状态。而功能（4）则暗示，证据是客观的，独立于认知者的，而且能够被不同的认知者所把握。下面，我们就按照这些功能逐条分析，看看物理痕迹是不是证据的恰当本体论承载者。

一　物理痕迹与真

追寻真相，这是人类认知生活的关键部分。少数情况下，命题的真假是显而易见的，比如“2+3=5”“天是绿色的”。前者明显是真的，我们只需要理解了2+3意味着什么，就能明白2+3=5。后者明显是假的，我们只需要抬头往天上看一看，就能知道天空不是绿色的。但是在更多的情况下，命题的真假并不是那么的明显。比如说，地球绕着太阳转，还是太阳绕着地球转。科学家们为此努力了上千年，最终才确定前者是真的。在这类情况下，科学家需要努力去搜集相关证据，并根据证据得出正确的结论。可以说，证据是人们获知世界真相的中介。

为什么证据能够帮助人们获得真呢？一种直接的理解就是，证据是假说为真的可靠标记。一旦证据出现，那么相应的假说就很可能是真的。正如伊恩·哈金（Ian Hacking）所说，“证据就是能够指向自身之外的东西”。乌云在天边出现，那么天要下雨很可能就是真的；乌云就是天要下雨的可靠标记。当然，有时证据与假说之前的关系并不那么容易把握，凶器上的DNA是重要的犯罪证据，但这需要相应的生物化学背景知识。

物理痕迹能不能充当人们认识世界的中介呢？它是相关命题为真的可靠标记吗？下面，用具体的案例来说明。

> 李磊脸上出现了一些不规则的黄斑，他来到附近的社区医院就诊。医生根据他脸上的黄斑，得出了一个初步诊断，李磊得的是黄疸病。

脸上出现黄斑，是黄疸病的一个可靠征兆。黄疸病其实是血液中胆红素偏高，血液中的胆红素不断增加，就会进入皮肤，使得皮肤呈现黄色。如果我们用物理痕迹说来理解，那就是李磊脸上的黄斑是黄疸病留下来的物理痕迹。那么，这个物理痕迹是不是黄疸病的可靠标记呢？答案是肯定的。多数情况下，如果病患脸上出现不规则黄斑，那么他就是得了黄疸病。脸上出现黄斑和黄疸病之间存在可靠关系，医生也正是根据这个规律性的可靠联系，判断得出了李磊得黄疸病的结论。

医生没法直接获知李磊是不是得了黄疸病，他不得不通过他脸上黄斑的病症或痕迹来判断。物理痕迹也因此是我们获知世界真相的中介，这也是满足证据中介说的基本内涵的。并且，黄斑和黄疸病之间的联系是客观的，不管是否有人相信或意识到，它们都存在。只不过如果没有掌握相关的背景知识，没有把握到这种联系，那么就没法根据此物理痕迹去获知真相。李磊自己就没有掌握这种关系，就没法给自己看病。

现在，我们修改一下这个案例：

> 李磊脸上出现了一些不规则的黄斑，他来到附近的社区医院就诊。医生根据他脸上的黄斑，得出了一个初步诊断，李磊得的是黄疸病。出于职业谨慎，医生要求李磊去做一个血液检测。结果发现，胆红素并没有超标。一周以后，李磊发现，自己脸上的黄斑是之前粉刷房间的时候，不小心抹上去的。

在这个案例中，黄斑并不再是黄疸病的物理痕迹，而是粉刷的颜料在脸上留下的痕迹。这样一来，黄斑就不再是黄疸病的证据，而是粉刷的颜料留在脸上的证据。这也契合了一个证据的一个基本特征：证据没法百分百保证结论是真的。黄斑可能是黄疸病留下的痕迹，也可能是粉刷颜料留在脸上的痕迹，还可能是其他事件 X 的痕迹。尽管黄斑与黄疸病之间存在可靠的关联，但这种关联并非必然的。

有趣的是，在上述案例中，医生否定自己最初的判断，得到了最新的结论：李磊并没有得黄疸病。他的证据还是一种物理痕迹。如果李磊得了黄疸病，那么他的血液中胆红素就会超标。但是，现在检验发现，李磊的胆红素正常，并没有超标。因此，李磊并没有得黄疸病。胆红素超标可以说是黄疸病的一种更可靠、更直接的物理痕迹（证据）。

上面的例子也契合了有关证据的两个区分。第一个区分是直接证据与间接证据，有些证据被认为与事件真相有更直接的联系，另外一些证据则与事件真相联系较远。这并不是一个特别清晰的区分，但确实存在。证据物理痕迹说可以很好地理解这种区分。一个事件会留下很多痕迹，有些痕迹是直接由该事件遗留下来的，另一些痕迹则要间接一些，它可能是直接的物理痕迹与其他物理事物相互作用，从而遗留下来的。

> 血液中胆红素超标，这是黄疸病的直接物理痕迹；
>
> 脸上出现不规则黄斑，这是血液中胆红素进入皮肤留下的物理痕迹。

简单来说，如果某个物理痕迹离事件越近，那么它就越直接。如果某个物理痕迹离事件越远，那么它就越间接。

第二个区分是证据效力。有些证据能够更强有力地支持命题（假说或理论），另外一些证据对命题的支持就要弱一些。贝叶斯主义者经常用概率的形式来刻画证据的这个特性。

如果证据 e_2 比 e_1 能够更有力地支持假说 h，那么就有 $p(h|e_2) > p(h|e_1)$。用贝叶斯公式换算就可以得到 $\frac{p(e_2|h)}{p(e_2)} > \frac{p(e_1|h)}{p(e_1)}$。

那么，物理痕迹能否说明证据的这一特性呢？物理痕迹也有很多差异。有些物理痕迹可以由多个物理事件产生，比如说脸上出现不规则黄斑，它可能是黄疸病的征兆，也可能是黄色颜料留在脸上，还可能是内分泌失调等的结果。另外一些物理痕迹就要特殊得多，它只能是由少数事件，甚至某个事件引起的，比如说血液中胆红素超标，这基本就是黄疸病带来的。现在被冠以“证据之王”称号的DNA也正是这种情形。基本上每个人的DNA都不相同，遗留下来的DNA痕迹也因此独一无二。

一般来说，我们可以得到以下结论：

> 如果某个物理痕迹可以由比较多种类的物理事件产生，那么它的证据效力就要弱一些。如果某个物理痕迹只能由少数物理事件产生，那么它的证据效力就要强一些。

二 物理痕迹与认知合理性

在这里，首先要做一个区分：实践合理性（practical rationality）与认知合理性（epistemic rationality）。实践合理性关心的是做什么是合理的，这是行动的合理性，它通常由一个行动带来的各种可能后果所决定。比如说，星期一早上不去上班是不合理的。因为老板每周一早上都会出现在公司，如果他发现你翘班，你就可能会被批评、扣奖金，甚至被开除。认知合理性关心的则是相信什么是合理的，这是信念的合理性，它并不是由一个信念可能带来的各种可能后果决定的，而是由各种支持（或反对）它的理由决定。如果你相信自己是亿万富翁，那么你就会很开心，并且友善对待他人。因此，这是一个对人对己都好的信念。但是，显然这不是你相信自己是亿万富翁的理由。如果你真的相信了，这个信念在认知意义上也根本是不合理的。你银行卡上面的数据、你的现金、你住的房子，这些无一不明确指出，你不是一个亿万富翁。它们才是相信的理由，决定信念的合理性。如果没有特别说明，本书谈论的均是认知合理性，而不是实践合理性。

什么是证据？证据与认知合理性之间有什么样的关联呢？不少哲学家或隐晦或显白（implicit or explicit）地认可这样一个论断：证据其实就是相信的理由，这两者是一回事（Evidence = Reason）。可以将之称为同一性论题。此外，理由是合理性的基本构成单元。正如约翰·图里（John Turri）所言：

> 没有争议的出发点是：我们总是由于理由才去相信，甚至最极端的怀疑论者也不会反对这一点。在他们看来，如果我们所有的信念都是基于理由的，那么怀疑论也就不证自明了。（Turri，2009）

既然认知理由和证据是一回事，并且认知合理性就是由认知理由决定的，那么证据也就决定了认知合理性。这一点也可以很好地说明认知失败，但没有过错的情形。证据并不总是能够引导人们获得真理。有时，证据甚至会误导我们（misleading evidence）。但是不管怎样，如果你是根据证据而获得了错误的信念，它至少是合理的，因而也是没有过错的。相反，忽略那些会误导我们，但还没有被击败（misleading and undefeated）的证据反而是不合理的。这也是证据理由同一性论题的一个推论。

在上一节后面那个例子里，医生首先根据李磊脸上的黄斑，初步诊断李磊是得了黄疸病。这个信念其实是错的，医生是被李磊脸上的黄斑误导了。事实上，那些黄斑只不过是染料留在脸上形成的。但是，不管怎样，在血液检查结果出来之前，医生根据黄斑推断李磊得了黄疸，这是合理的，也并没有什么错。相反，如果医生一来就忽略李磊脸上的黄斑，断定李磊没有得黄疸病，这就是不合理的，尽管这个想法最终被表明是对的。

那么，根据物理痕迹去做出判断是否合理呢？物理痕迹与认知合理性之间有什么样的关系呢？笔者在这里将给出一个简要的回应。从物理痕迹推论得到理论（或假说）的过程是一个最佳解释推理（IBE），如果最佳解释推理在认知上是合理的，那么物理痕迹就可以实现认知合理性。

> e_1. 李磊脸上出现黄斑；
> e_2. 李磊血液中胆红素浓度并没有异常；
> h. 李磊得了黄疸病。

根据 e_1，我们可以合理推断 h。李磊得了黄疸病，这能够很好地解释为什么李磊脸上出现黄斑。根据 e_2，我们可以合理推断 h 是假的。李磊并没有得黄疸病，这能够很好地解释为什么李磊血液中的胆红素并没有异常。根据 e_1 和 e_2，我们就需要另一个新的假说来解释它们。不管 h 是对是错，都没法完全解释它们。这个假说就是：

> h_2. 李磊脸上的黄斑是由刷墙染料形成的。

在这一个意义上，理由关系其实是一种解释关系。

> 首先，理由具有解释性质。不要混淆认知理由与纯粹的因果理由。当你因为某个理由而相信 Q 时，你之所以相信 Q 正是因为有这个理由——这个理由解释了你的信念。(Turri，2009)

根据图里的这个想法，我们可以将之扩展为一个论证：

> 1. 物理痕迹与信念（假说）之间存在解释关系；
> 2. 理由与信念之间存在解释关系；
> 3. 如果理由来自认知主体对物理痕迹的把握，那么 1 和 2 就能得到一个很好的理解；

4. 因此，理由其实就是认知主体对物理痕迹的把握。

这里的一个含糊概念是把握（grasp），需要对此给出一定的说明。李磊脸上出现的黄斑，这是一个物理痕迹。同时，它也是医生相信李磊得了黄疸病的理由。这两者似乎是一回事，为什么还需要借助把握这个含糊的概念呢？这主要是在理由的讨论里，有一场激烈争论。一方是心理主义（Psychologism），理由必须是心理状态。如果理由能够解释信念，而信念本身又是一种心理状态，那么理由本身也必须是心理状态。另一方是事实主义（Factualism），理由必须是真的，如果理由不是真的，那它怎么能真正支持（in favor of）信念呢？在这里，笔者不希望介入这场争论。因此，把握物理痕迹意味着：

（1）如果理由只能是心理状态，那么理由就是认知主体基于物理痕迹形成的一个心理状态，它可能是经验感受或信念。例如，医生看见李磊脸上有不规则黄斑。

（2）如果理由只能是事实，那么理由就是关于物理痕迹的一个事实，例如事实李磊脸上有不规则黄斑。

因此，证据是物理痕迹的看法可以兼容两种不同的理由本体论主张。当然，它和事实主义或许可以更好地结合在一起。理由与信念之间存在解释关系，物理痕迹与假说之间也存在解释关系，这两者并非偶然。理由其实是认知主体把握物理痕迹的结果。在这个意义上，我们也可以将科学哲学和知识论整合起来。

三　物理痕迹与认知辩护

谈论证据就离不开认知辩护，这两个概念是如此紧密地联系在一起，以至于它们简直就是互相定义的。什么是证据，按照一种理解，证据就是那些能够辩护信念的东西，或辩护要素（justifier）。什么是辩护呢？证据主义是对辩护的一种主流理解，其拥护者主张，辩护完全就是证据的功能，是一种证据支持关系。一个信念，如果有充分（或足够）证据的支持，那么它就是获得辩护的；反之亦然。即使我们不接受证据主义，也仍然需要承认，证据至少在辩护中占据一个重要地位。比如说证据主义的论战对手可靠主义，有时也不得不借助“证据”概念来刻画辩护（Comesaña，2010；Goldman，2011）。

在信念认知辩护问题上，有两条线索：一条是认知辩护的结构是什么样的；另一条是认知辩护的要素是否必须内在于认知者。在第一条线索上，又有三种选择：一是基础主义（Foundationalism），某些信念是基本的，其辩护来源至少部分是源自自身的；其他信念的辩护则是建立在这些基本信念之上的，这种结构也常被称为金字塔结构。二是融贯论（Coherentism），每个信念原则上都是平等的，并没有基本信念与非基本信念之分，信念是互相支持的关系，如果一个信念获得其他周边信念的有力支持，那么它就是获得辩护的。这种结构有时被称为木筏式的（Sosa，1980）。三是无限主义（Infinitism），信念的辩护链条是无限的，可以不断往后追问（王聚，2018）。为某一种立场做出充分论证并不是在这里就能够完成的。因此，本书将选择一种近似基本主义的立场来阐述由物理痕迹开始的信念辩护历程。

另一条线索也有两种选择，一是内在主义，坚持所有辩护要素都必须是内在认知者的；二是外在主义，允许某些辩护要素是外在认知者的。本书更同情后者，因此笔者打算讲述的由物理痕迹到信念集合的辩护故事也基本上是外在主义的。但是，内在主义者可以将之改造成内在主义版本，这似乎并没有什么困难。

在这里，笔者简单将信念分成两类，一类是推论信念（inferential belief），另一类是非推论信念（non-inferential belief）。这两者的区分在于，前者的形成来自一个明白无误的推论（explicit inference）过程。我相信自己工商银行卡账户里面有1500元人民币，并且我相信苹果不到10元钱一斤，因此我相信自己至少能买150斤苹果。这就是一个明白无误的推论过程以及随之而来的信念。非推论信念则不是来源于这样明白无误的推论，感知觉信念是典型的非推论信念，它似乎是我们直接获得的。我看见自己工商银行卡里面有 1500 元人民币，随之相信了这一点。在这里面，没有明显的推论过程，信念是直接获得的。当然，有些认知科学家相信这里面其实也有一个推论，只不过它是隐含的（implicit），即使是认知者本人也意识不到其过程。

我们就以视觉信念为例，来说明如果证据是物理痕迹，那么视觉信念是如何获得辩护的。赵六看见眼前有一本书，由此他相信眼前真的有一本书，这是一个典型的视觉信念的形成过程。这里面的物理痕迹在哪呢？这里的核心是赵六与书的相互作用。光源（例如太阳）发射光子，这些光子到达书本，并被书本散射。其中一部分散射的光子到达了赵六的视网膜，视网膜里面的三种视锥细胞被激活，将信息传递之大脑的视觉皮层和其他相关区域，最终“合成”我们看见的图像。这个过程里面有这么两个相互作用：光子和书本相互作用，光子和视网膜视锥细胞的相互作用。在这里，三种视锥细胞被激活就可以看成是书本和人相互作用的结果。尽管大脑视觉皮层和其他相关区域的处理工作也是非常精妙、繁复的，但这些处理过程都是建立在三种视锥细胞上的物理痕迹的基础之上的。如果我们真的看到了什么，那么追根到底，其证据就是这些物理痕迹。

这种理解还可以很好说明幻觉、错觉等情形，设想你是被魔术师或科学家愚弄，那里并没有一本书，而不过是一件逼真的三维立体作品。这里仍有物理痕迹，但那个物理痕迹就不是由书散射光子，并最终在视网膜上留下的；而是三维立体幻影发射（或反射）的光子，到达视网膜，并留下来的物理痕迹。它们之间可能是相似的，也可能不相似，无论如何它都可以愚弄你的大脑视觉皮层。

在这里，我们可以选择可靠主义，只有在认知过程可靠之时，你的信念才是获得辩护的。如果你身处的周遭环境不佳，遍布骗局，那么你产生的多数信念就会是假的，也因此得不到辩护。当然，我们也可以选择析取主义，在正常情况和幻觉情况里，物理痕迹是不同的。一者是由真正的书反射光子，并到达视网膜形成的；另一者是特意设计的光子直接在视网膜上形成的，或者其他形式，至少它和真正的情形是不同的。这也就说明了两种情况，为何“真正的”信念可以获得辩护的，而“虚假的”信念不行。

在证据物理痕迹说的基础上，本书以视觉信念为例说明了非推论信念何以能够得到辩护，或得不到辩护。下面，笔者将说明推论信念。凡是推论，都有这么几个要素：前提、推论方式、结论。推论信念就是推论的结论。推论方式大致上可以分成两类：一类是演绎推理，这类推理的最大特点是保真（truth-conserve），如果前提为真，那么结论也一定是真的；还有一类是归纳推理，这类推理就没法保真，即使前提是真的，结论也不一定是真的。但是，归纳推理可以保证结论很可能是真的。推论信念要想得到辩护，就必须满足以下两个条件：

（1）其前提是得到辩护的；

（2）其推论过程是条件可靠（conditional reliable）的。即如果前提是真的，那么其推论结果也很可能是真的。

推论信念的前提会是什么呢？它可能是非推论信念，也可能是推论信念。如果其前提是非推论信念，那么可以得到物理痕迹证据的支持；如果是推论信念，那么它本身必须是获得辩护的。在此意义上，推论信念最终的证据来源都是物理痕迹。至于什么样的推论是条件可靠的，逻辑学家有更多更好的研究，本书在这里就略过去了。还是用前面买苹果的例子来说明推论信念的辩护。

我相信自己工商银行卡账户里面有1500元人民币，并且我相信苹果不到10元钱一斤，因此我相信自己至少能买150斤苹果。

这里的推论过程是这样的：

1. 苹果不到 10 元一斤；
2. 我工商银行卡账户里有 1500 元钱；
3. 所以，我至少能买 150 斤苹果。

如果其结论，即我相信自己至少能买 150 斤苹果是获得辩护的，那么前提 1 和前提 2 都必须能够获得辩护。前提 1 和前提 2 本身可能是非推论信念，直接来自视觉经验，也可能是推论信念，来自其他推论。这里面的推论过程是一个演绎推论，是保真的，也因此是满足条件可靠的。按照这种方式，我们就可以说明非推论信念的辩护状况。

物理痕迹作为证据，也会引起一些猜疑。比如说只有在相互作用发生之后才会有物理痕迹，但是我们的信念并不都是关于过去的，我们还有许多关于未来的信念。例如，我们都相信明天太阳还会照样升起，我们都相信明天金属还能导电，乐观者还相信明天会更好。这里面有矛盾吗？其实没有，这里面是归纳推论。

1. 铜在 t_1 时刻导电；
2. 铜在 t_2 时刻导电；
3. 铜在 t_3 时刻导电；

……

所以，下一次铜还是能够导电。

在这里，铜总是能导电是一个推论信念。它的前提 1、前提 2、前提 3 等都可以由物理痕迹得到支持。至于结论能否获得辩护，就取决于你是否接受这个归纳推论。如果你是一个归纳推论的怀疑者，那么就会认为这个信念是没法得到辩护的。我并不是一个归纳推论的怀疑者，我相信多数人都不是，因此许多关于未来的信念也可以获得辩护。简而言之，未来信念的辩护问题并不是证据物理痕迹说的特有挑战。

还有一类情形是数学、逻辑信念，例如 2 + 3 = 5、质数是无限的等。如果我们相信它们也是获得辩护的，但是其中并没有什么物理痕迹的踪影，这是为什么呢？在后面部分本书将详细讨论这个问题，在这里只能简单说明一二。本书着力刻画的是现实世界的证据，这里面有科学、有历史、有法学等，但是不包括数学。数学是一门非常不同的学问，它可能压根就不需要证据。也正是这个原因，数学家不需要什么系统性地观察世界，也不需要在实验室里摆弄这个或那个设备。数学的世界并不是现实世界。

在上面的讨论中，我首先将信念分成两类：推论信念与非推论信念，并分别说明了其何以能够获得辩护。或者，为何某些信念是得不到辩护的。非推论信念的证据是物理痕迹，推论信念的证据是物理痕迹，或者其他推论信念。物理痕迹作为证据，可以很好地整合整个科学事业，包括历史、法学等。物理痕迹能够很好地实现证据的辩护功能，并且能够提供一些额外的洞见。

四　物理痕迹与认知分歧

认知者之间出现分歧是一种常见的现象。证据被认为能够消除或者至少减轻这种情况。这就要求证据具有主体间性，包含两个方面，认知者都能够认同：（1）e 是什么样的？（2）e 是 h 的证据。科学是一门收敛的学问，科学家们往往能够一致同意部分理论。理解科学家如何看待证据有助于消解认知分歧。

在科学活动中，证据一般被认为是由系统性观察和受控实验产生的。人们根据证据去形成判断，而不是根据先贤语录、意识形态教条，或是传统习俗等，这被认为是客观的。随着时间的推移、证据的积累，原本有不同意见的认知者会相信同样的命题，认知分歧将最终消解。科学活动如果是客观的，那么其关键就在于证据是客观的、理论是中立的，能够在竞争对手之间做出公正的裁决。这也就是人们常说的“证据先于理论”。这并不是时间的先后，理论的发明完全可能早于证据的出现，比如爱因斯坦的广义相对论和光线弯曲现象。这种“先于”（priori to）是认识论上的优先，证据在认识论上被认为是更基础的，它可以支持或者驳斥理论。或者用认识论术语来说就是，证据可以为理论提供辩护；反过来，理论并不能支持或者驳斥证据，理论也不能为证据提供辩护。

当然，证据是理论中立的看法受到了一些科学哲学家的挑战，例如托马斯·库恩（Thomas Kuhn）、诺伍德·汉森（Norwood Hanson）、保罗·费耶阿本德（Paul Feyerabend）等。他们认为，科学证据并不是如人们所设想的理论中立的，而是有理论负载的。人们在观察事物的时候，通常已经预设了一系列背景知识。背景知识不同的认知者，对于同一证据，会有不同看法。

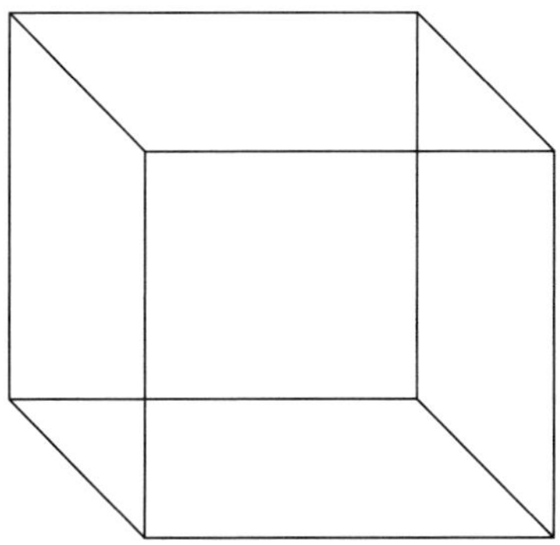

例如上面这幅图形，它是一个什么呢？我们的回答会是，这是一个立方体。然而，这其实是一个平面图形，由四条横线，四条竖线组成。也就是说，多年的教育或者训练使得我们自动将其识别为立方体。

在这里，笔者不打算进一步讨论观察的理论渗透问题。不管是理论渗透的支持者还是反对者，都不得不承认，至少在某些情况下，证据的确可以在理论之间做出裁决，并且这种情形并不罕见。这就要求，证据至少具备独立于理论的客观性。在维护科学证据的客观性方面，我们可以借用保罗·萨加德（Paul Thagard，2014）总结提炼的科学证据的五个基本特征。它们可以说是客观性的延伸，也是证据客观性的真正内涵。在萨加德看来，起源于16、17世纪的现代科学，建立了一整套强有力地发现世界真相的方法（并且，这种方法或许是唯一有效的）。证据不再是圣经上的文字，不再是先贤的精妙论断，不再是习俗，而是系统性的观察和受控的实验。这样的证据满足以下五个基本特征：可靠性、主体间性、可重复性、鲁棒性（Robustness）以及与世界存在因果联系。以下我们就来分析一下，物理痕迹是否满足这些标准。

a. 可靠性

在物理痕迹与真部分已经讨论过证据的可靠性问题，在这里就不多重复了。简而言之，证据是获知真理的可靠标记，物理痕迹正是这样的标记。

b. 主体间性

所谓主体间性，就是它不是依赖单一认知主体的，多个认知主体都会认可它。英国皇家学会在建立之初，就选定了拉丁文格言“*Nullius in Verba*”。它的含义是，不听信任何个人的话。不管他是亚里士多德，还是牛顿。系统性的观察和受控实验不依赖于任何单个人的言语。不同的人都能够得到同样的观察，做出同样的实验。这也使得在现代科学起源之初，有许多公开展示的实验，比如说波义耳的空气泵。

物理痕迹有没有这样的主体间性呢？它是不是因人而异的呢？物理痕迹可以说正是系统性观察和受控实验想要寻找的证据本身。它特别好地满足了主体间性。它能够被不同的认知者观察到，并且由于人们的感知觉器官基本上是一致的，同构的，人们得出的结论也会大致相同。我实在想不出有什么理由担心物理痕迹的主体间性。

c. 可重复性

证据主体间性的一个重要来源是，它的可重复性。同一个人或不同的人能够在不同时候得到相同的结果。除了少数特例之外，一个实验如果在北京得到什么结果，那么在纽约也应该会得到相同的结果。一个实验如果在十年前得到什么结果，那么现在、将来也应该会得到相同的结果。当然，重复一个实验并不总是那么容易，会遇到各种各样的难题。但是，不管怎么样，系统性的观察或是受控实验总是应该能够重复的。一个实验没法重复，这会带来灾难性的后果，它有可能是科研不端的产物。比如说河北科技大学的韩春雨在《自然—生物技术》杂志发表了一篇论文，里面介绍了其科研团队发明的一种全新基因编辑技术“NgAgo”，引起轰动。但是，多国科学家均没法重现实验结果。2017 年 8 月，韩春雨主动申请撤回该论文。在心理学领域，可重复危机（replication crisis）的说法也甚嚣尘上，有不小比例的心理学实验没法重复，其中包括不少奠基性实验，如棉花糖实验等（胡传鹏等，2016）。

物理痕迹是否可重复呢？如果它是可重复的，那又需要满足什么条件呢？物理事物 A 和物理事物 B 发生相互作用，留下物理痕迹 C。物理痕迹 C 完全是可以重复的。正如前面所说，不管物理事物 A 和物理事物 B 是在何时何地相互作用，它们留下的物理痕迹 C 都理应是一样的。当然，不能否认，有时物理事物 A 与物理事物 B 发生相互作用，留下的物理痕迹 C 不尽相同。它们可能会是 C_1、C_2或是 C_3等。但是，这些 C_1、C_2、C_3等可以说是同构的，具有某种相同的结构，我们可以从这些痕迹中提炼得出相同的信息。

d. 鲁棒性（Robustness）

鲁棒性是证据的一个重要特征，但是少有人留意。什么是鲁棒性呢？按照威廉·温萨特（William Wimsatt）的理解：

> 如果一个事物具有鲁棒性，那么就可以用多种不同的独立方式去触及或通达（access）它。这些方式包括：检验、测量、推演（derive）、定义、产生等。（Wimsatt，2007：196）

鲁棒性背后的想法是，如果一个事物可以用多种独立的方式探查，那么我们对它的信心就会强很多。毕竟，多种独立方式都错的可能性比一种方式错的可能性要小得多。鲁棒性是比可重复性更强的一个特征，它意味着可以用不同方式去重复。例如，关于神经功能的证据可以用多种方式获得，它可以来自由中风等病症导致的神经损伤，还可以来自单个细胞的记录、正电子扫描、核磁共振扫描等。

物理痕迹是否具有这样的鲁棒性呢？设想犯罪分子留在案发现场的毛发，我们可以用眼睛去观察它，用手去摸它，还可以用精密的显微镜去观察它，用DNA检验技术去鉴别它等。并且，这些检验和测量的方式都是相互独立的，并不会互相影响。简而言之，物理痕迹作为物理事物，具有良好的鲁棒性。

e. 与世界存在因果联系

系统性观察和受控实验提供的（科学）证据都是建立在与世界的因果联系之上的。在系统性观察那里，世界单向地告诉我们，它是什么样的，比如说望远镜和显微镜，它们都能将外部世界的光线反射到观测者（认知主体）的视网膜。在受控实验那里，这种因果联系更是双向的，不仅仅是世界被动地告诉我们它是什么样的。科学家们更是在操纵自然，逼迫自然，让它给出答案。例如，卢瑟福用α粒子轰击原子核，最终得到了原子的“卢瑟福模型”或“行星模型”。正如康德所言：

> 在对待自然的时候，理性绝不能表现得“像一个学生，被动地听老师讲，而要像一个被任命的法官，强迫证人回答他所提出的问题”。(邓晓芒，2004：14)

物理痕迹与世界是否存在因果联系呢？实在不能设想，有什么东西可以更好满足证据的这一特征或条件。

保罗·萨加德给出了证据的五个基本特征，这些特征是证据客观性的延伸。它们分别是：可靠性、主体间性、可重复性、鲁棒性以及与世界存在因果联系。物理痕迹能够很好满足这些标准，是一种令人满意的证据本体论主张。

第五节　本章小结

这一章可以说是全书最重要的章节，本章提出了一种全新的关于证据本性的主张，即证据物理痕迹说。它可以说是在“法庭证据观”之上的一种理论突破。证据不是什么命题，也不是什么心理状态，而是物理痕迹。在这章的最后，笔者再一次指出证据物理痕迹说要远优于它的竞争对手。

1. 证据是物理痕迹，这种想法可以整合尽可能多的证据现象，如保全证据、销毁证据、搜集证据等。证据命题主义只考虑了证据充当论证之前提的功能，证据心理主义只考虑了证据充当信念之辩护要素的功能。事实上，无论是推理还是辩护都没法完整涵盖丰富的证据现象。并且，在推理、辩护之外的证据现象，并不是可有可无的，而是处在证据活动的中心。如果没有搜集证据，那么推理、辩护何在？一个关于证据本性的哲学理论，应该尽可能的普遍化，涵盖、理解尽可能多的证据现象。在这方面，证据物理痕迹说要明显高出一筹。

2. 在证据物理痕迹说背景下，证据命题主义和证据心理主义都能够得到很好的说明。什么样的命题能够成为证据？有关物理痕迹的命题。为什么心理状态能够成为证据？归根到底，它是由于认知器官与外部世界交互作用产生的物理痕迹。

3. 证据是物理痕迹，这种证据本体论主张可以和当前最为主流的世界本体论立场——物理主义——良好融贯。证据并不是在物理世界之外的什么东西，而本身就是一种物理对象。它不像证据命题主义，需要回答命题到底是什么？也不像证据心理主义，将证据局限在心灵世界里面。

4. 如果我们认可证据是物理痕迹，那么科学发展也会变得容易理解。科学发展的一个重要部分是科学仪器的发明，比如说显微镜、望远镜、扫描仪等。这些科学仪器是用来做什么的呢？为什么它们能够推动科学的发展呢？在笔者看来，这就是因为科学仪器可以帮助我们捕捉之前未曾留意到的物理痕迹。显微镜能够观察并记录肉眼没法观察到的物理痕迹，并最终用来揭示细胞、微生物、分子结构等。望远镜则是在宇宙的尺度上，帮助我们识别“暗淡”的光线，了解星体的组成和性质。

最后，物理痕迹作为证据最好是稳定的、不容易消失的。这一点不难理解，随着时间的推移、环境的改变，物理痕迹很可能会消失不见。信息并不会永久地留存在那里。比如前面提到的沙滩上的脚印，一旦重新涨潮，那么这些脚印就会消失不见。俗语有言：雁过留声，人过留名。但是，时间终将湮灭所有的证据。这就要求人们能够保全证据、固定证据。有时，通过拍照、复制等方式，痕迹里面的信息能够最大限度地得到保留。

由此，本章主张证据是物理痕迹至少是一种值得考察的证据本性理论。物理事物之间相互作用是最基本的概念，一旦相互作用，就会有痕迹遗留下来。这些痕迹本身也是物理的，它里面有丰富的关于事件真相的信息。通过提取、解读这些信息，人们就能够获知真相。有些证据从表面看来并不是物理痕迹，如预测证据、证人证言、电子证据等，但其实也是物理痕迹，或者依附于物理痕迹。证据被认为具有四种基本的功能：引导人们获得真理、充当信念的理由、辩护相关信念，以及平息认知分歧。上面的分析也表明，物理痕迹能够比较好地实现这些功能，满足人们对证据的期许。

第四章　思想实验：证据物理痕迹说的一个重大挑战

本书的核心立场是，证据是物理事物之间相互作用，从而遗留下来的物理痕迹。作为一种哲学立场，难免有各种各样的挑战。笔者只能拣选一些比较重要的挑战加以处理。在这之中，思想实验与物理痕迹之间的关系是一个重要的议题。科学家常常发明各种各样的思想实验，以此来检验科学理论，著名例子包括伽利略的落体思想实验、薛定谔的猫、爱因斯坦的电梯等。另外，哲学家可能是最钟爱思想实验的团体了，即使是科学家也望尘莫及。思想实验在哲学领域占据了一个极端重要的位置。甚至可以这么说，没有思想实验，就不会有哲学。设想一下，如果知识论没有葛梯尔（Edmund Gettier）的思想实验，道德哲学没有菲利帕·福特（Philippa Foot）的电车思想实验，它们会变得多么贫乏。西奥多·希克（Theodore Schick）和刘易斯·沃恩（Lewis Vaughn）的著作《做哲学》[①] 就完全用88个思想实验来引介哲学。当然，也有哲学家对这种情况表示了反感，他们抱怨道德哲学成了电车轨道学（Trolleyology）、知识论成了葛梯尔学等。不管怎样，多数科学家、科学哲学家都主张，思想实验是一种货真价实的证据，可以部分（或完全）证实（或证伪）科学理论。有时，这种支持或反驳的力量甚至远超一般实验，堪称决定性证据，由不得不信服。伽利略的落体思想实验就决定

① ［美］小西奥多·希克、刘易斯·沃恩：《做哲学：88个思想实验中的哲学导论》，柴伟佳、龚皓译，北京联合出版公司2018年版。

性地驳斥了亚里士多德的物理学，即重的物体落得快，轻的物体落得慢。同时，它也奠定了新的物理学落体理论，即重的物体和轻的物体，下落速度是一样的，下落速度与物体的轻重无关。

这种情况就对证据物理痕迹说提出了致命的挑战。思想实验是在人脑中完成的“实验”，这里压根就没有什么物理事物的相互作用，也就根本不会有什么物理痕迹。也就是说，如果思想实验是证据，那么证据就不总是物理痕迹。

1. 思想实验是证据。
2. 思想实验与物理痕迹毫无关联。
3. 因此，至少有些证据不是物理痕迹。

事情甚至可能不止于此，如果思想实验是证据，那么使其成为证据的要素 X 会是什么呢？物理痕迹之所以能够成为证据是否也由于这样的要素 X 呢？这就使得我们有必要重新思考，证据到底是不是物理痕迹。难道证据不会是 X 吗？这一章将部分回应这个挑战。在当今的科技世界中，还有不少与思想实验类似的证据形式，比如说计算机模拟、虚拟实在（Virtual Reality）等。讨论思想实验与物理痕迹之关联，也将有助于我们理解这些新的证据形式。

第一节　什么是思想实验？

什么是思想实验？这不是一个容易回答的问题，还是从具体的例子讲起比较合适。最早的思想实验或许可以追溯至卢克莱修，他在《物性论》（*De Rerum Natura*，1981）里面，用一个新奇的思想实验论证了宇宙是无限的，通常被称为“卢克莱修之矛”。

> 假定宇宙是有限的，那么我们在宇宙的边界扔一个矛过去。如

果矛穿透了界限，那么这个界限就压根不是界限。如果矛被反弹回来，那么就是有什么东西阻拦了矛。也就是说有什么东西在界限之外，阻止了矛。这个阻拦矛的东西本身也是在宇宙之内的。因此，不管如何，宇宙都是无限的。

这个例子体现了思想实验的许多鲜明特征。在思想实验里，“我们把情境图像化，在头脑中操作，然后看看会发生些什么”（Brown，2017）。在思想实验中，有两个要素：一是思想的（Mental），与其他实验不一样，它是完完全全发生在头脑中的，或者说人类心智中的；二是实验的（Experimental），在思想实验中，我们需要完成某些操作，就像是在真的做实验一样。比如，我们好像真的在宇宙边界扔了一个矛过去，看看到底会发生些什么。最后，思想实验具有非凡的魅力，就像是有魔法一样，无须真正开展实验，就可以得出确凿的结论。

卢克莱修的思想实验也可以用论证的形式表述出来：

1. 假设宇宙是有限的；

2. 我们在宇宙边界扔一个矛，要么矛穿透界限，要么矛被反弹回来；

3. 如果矛穿透了界限，那么矛之后就仍有空间容纳矛，这个界限就不是真正的界限；

4. 如果矛被反弹回来，那么就有什么东西阻止了矛，阻止矛的东西在宇宙之内，这个界限也不是真正的界限；

6. 因此，宇宙是无界的。

部分哲学家，如后面要提到的约翰·诺顿（John Norton，1996）相信，每个思想实验背后，真正起作用的都是论证。这种想法有时被称为论证主义思想实验观，它是思想实验之哲学理解的主流立场之一。并且，反证法是思想实验惯用的一种策略。它往往预设一个理论（或假说)，如宇宙是有限的，然后一步一步推导得出反面的或自相矛盾的结论。另外需要留意的一个要点是，思想实验并不像表面看来那么可靠。比如说，时至今日，科学家已经普遍识破“卢克莱修之矛”里面的“伎俩”，卢克莱修的思想实验是错的。

今天的物理学家会认为，宇宙是无界但有限的。也就是说，没有边界和无限并不是一回事。宇宙有没有边界，宇宙是不是有限，一共有四种可能：

(1) 宇宙有边界，并且有限；
(2) 宇宙有边界，并且是无限的；
(3) 宇宙没有边界，并且是有限的；
(4) 宇宙没有边界，并且是无限的。

在卢克莱修那里，有边界和有限是等价的，即只有（1）和（4）两种情形。他完全没有意识到存在（2）和（3）这两种可能性，而（3）正是今天的物理学家所普遍认可的。那怎么修改卢克莱修之矛，以应对这种新的世界观呢？这是另一个颇有意思的话题。至少，我们需要清楚，思想实验可能会是错的，并且你很难察觉到底错在哪里。

如果以“卢克莱修之矛”作为思想实验的典范，那么思想实验似乎就会具备这些特征：（1）采用反证法，以驳斥为主；（2）不可靠，预设了错误的前提。但这可能是误解。首先，并不是所有的思想实验都是以失败而告终，至少有不少思想实验经受住了时间的检验，至今屹立不倒。并且，除了驳斥之外，思想实验也还可以支持科学理论。

伽利略的落体思想实验或许是所有思想实验里面最成功的：

亚里士多德物理学认为，重量大的物体比重量小的物体下落速度更快，而且下落速度与重量成正比。伽利略设想了这么一个思想实验，把一个轻球（L）与一个重球（H）用线连接在一起，让它

> 们从高处自由下落。轻球的质量小于重球，分开下落的话，它们的速度 L < H。现在两个球绑在一起，那么轻球与重球就会相互拉扯，使得轻球的速度变快，重球的速度变慢，即 L + H < H。换个角度思考，轻球与重球是连接在一起的，可以把它们看成一个整体。这样一来，整体的重量是大于重球的，自然下落速度也会大于重球，即 L + H > H。这样，就得到了两个相互矛盾的结果。由此，亚里士多德物理学是不自洽的、错误的。下落速度与物体重量之间并无关系，任何重量的物体下落速度都是一样的。

这个思想实验的说服力是无与伦比的，似乎真正动手去做实验反而是没必要的。目前，不少科学史家相信伽利略也许并没有在著名的比萨斜塔完成他的落体实验。

> 科学史家柯瓦雷在他的名著《伽利略研究》中就力图证明，实验在伽利略的工作里面并没有发挥重要作用，他可能从未做过他详细描述的一些实验。真正对科学史产生重要影响的是他的那些思想实验。（黄河云，2022）

伽利略的落体思想实验不仅仅驳斥了亚里士多德的落体理论，还确立了新的落体理论：任何重量的物体下落速度都是一样的。

思想实验还有一个有趣的特性，它们可能是互相矛盾的。这也印证了前文的一个观点：思想实验有时并不可靠，而且这种不可靠不易察觉。弗兰克·杰克逊（Frank Jackson）曾经给出一个著名的思想实验“黑白玛丽”。它鲜明地揭示了这样一个“事实”（或幻觉）：存在感受质（Qualia）。感受质是完全主观的、非物理的。由此，物理主义世界观是错误的。世界上至少存在某些事物，它并不是物理的。

> 设想玛丽是一名非常聪明的科学家，她善于学习，知道了有关

> 色彩的所有知识。这其中包括色彩的物理学知识，如波长、频率等，还包括光线进入人眼，并被人察觉的完整机制。但是，不幸的是，她被困在一个只有黑色和白色的环境里。从来没有见到过真正的红色、真正的绿色。直到有一天，她终于能够离开那个黑白环境，走到一朵红色的花面前。这时候，她惊讶地发现，原来这才是真正的红色。(Jackson，1986)

这个思想实验一经提出，就引起了哲学家们经久不衰的兴趣。谷歌学术显示，自1986年发表以来，已经被引用超2000次。丹尼尔·丹尼特（Daneil Dannett）是著名的哲学家、认知科学家，被誉为新无神论的四驾马车之一。在他看来，黑白玛丽是分析哲学家设计出来的最成功思想实验，没有之一。但是，它是不是一个好的思想实验呢？借用侯世达（Douglas Hofstadter）的话，丹尼特提醒我们：

> 对待思想实验就要像科学家对待感兴趣的现象一样：改变它，翻转它，从各个角度检查它，放到不同环境和条件里研究它，确保你不会被错误的因果关系所迷惑。

因此，丹尼特重新设计调整了黑白玛丽思想实验，用他自己的话来说就是旋转了某些特定的旋钮。他的最终结论是，“黑白玛丽”思想实验是一个坏的思想实验，是一个常常引起我们误解其前提的思想实验。

> 设想玛丽是一名非常聪明的科学家，她善于学习，知道了有关色彩的所有知识。这其中包括色彩的物理学知识，如波长、频率等，还包括光线进入人眼，并被人察觉的完整机制。但是，不幸的是，她被困在一个只有黑色和白色的环境里。从来没有见到过真正的红色、真正的绿色。直到有一天，她终于能够离开那个黑白环境。不怀好意的实验员在她面前放了一根假的蓝色香蕉，想看看她

会有什么样的反应。玛丽一点都没有吃惊:“这是假的,香蕉是黄色的,而这东西是蓝色的。我弄清楚了所有关于颜色的事情,不可能被愚弄。”(Dennett,2006)

在杰克逊的原版思想实验中,玛丽在离开黑白环境后看到了红色的花,感到惊讶万分,并且明白了红色到底是什么。然而,在丹尼特的修改版思想实验中,玛丽并没有感到惊讶,也不会感到惊讶,毕竟对于颜色她无所不知,早就洞悉一切。这两个思想实验谁对谁错呢?不好说,但是至少其中之一是错的。并且,这两个思想实验具有相同的说服力,如果说杰克逊的原版实验有力支持了感受质,那么丹尼特的思想实验就以同样的力度反对了感受质。

第二节　怀疑主义:思想实验不是证据

如果思想实验是证据,那么它似乎会对证据物理痕迹说带来挑战。在这一部分,笔者将首先介绍思想实验的怀疑论,即思想实验压根就不是证据。如果这种怀疑论是成立的,那么思想实验对证据物理痕迹说的挑战也就不复存在了。事实上,有相当数量的哲学家怀疑思想实验是否能够成为证据,如保罗·萨加德(Paul Thagard)、戴维·阿特金森(David Atkinson),还有上面提到过的丹尼尔·丹尼特等。

怀疑论的最大背景是,思想实验的可靠性实在是太糟糕了。我们可以举出一系列失败的思想实验,比如说上面提到过的“卢克莱修之矛”和“黑白玛丽”。纵观思想实验的整个历史,给人这样一个印象:它们往往精妙非凡,看起来也确凿无疑,却是错的。这些错误可能是源自某些不证自明的假设,或是其中隐含了不易察觉的偏见,还可能是基于错误的常识等。卢克莱修之矛的错误是,将无限等同于无界,而没有设想存在有限但无界的可能性。在丹尼特看来,黑白玛丽的错误根源是自笛卡尔以来的二元论直觉。

思想实验的症结在于，它里面有太多不确定的要素，一旦改变其中的某些设置，结果就会变得非常不同。丹尼特的黑白玛丽变种已经清楚地显示了这一点。实验之所以是一种强有力的（科学）证据，其关键要素之一就是可重复性。不管这个实验是在北京还是在纽约，也不管这个实验是在100年前还是50年后，它们的结果都应该是一样的。如果某些实验不具备这样的稳定特征，那么它们作为证据的地位就会遭受质疑。这也是心理学领域目前遇到的困境：太多的心理学实验没法重复。思想实验并不具备这样的稳定特征，它往往因人而异。

怀疑论者还可以再退一步，承认部分思想实验的确是证据，并且是很好的证据，但是怎么区分好的思想实验与坏的思想实验呢？我们需要一个标准来鉴别思想实验的好坏，但在怀疑论者看来，并没有这样的标准。我们往往只有在事后，理论真正得到确立之后才能明白原来的思想实验到底是对了，还是错了。

看一看科学与哲学的分野或许有助于理解怀疑论者的主张。一般而言，哲学家自己不动手做实验，但他们往往是思想实验的高手。哲学里面充满了各种各样的奇思妙想，比如说普特南的缸中之脑、诺奇克的快乐机，还有知识论中空地的奶牛等。哲学家们就这些思想实验争论不休，永远都不会有尽头，这也使得哲学看起来没有进步。最近的实验哲学运动（Experimental Philosophy 或 X-Phi）严厉地批判了哲学家们滥用思想实验、滥用直觉的情况（Knobe，2004），它的代表人物有约书亚·诺布（Joshua Knobe）、肖恩·尼科尔斯（Shaun Nichols）等。一系列精心设计的实验表明，在不同文化背景之下，不同认知主体的直觉是非常不同的。甚至，同一认知主体就有着互相冲突的直觉。目前，国内学者对实验哲学有支持，如梅建华（2023）；也有反对，如费多益（2020）。

当然，科学里面也有不少思想实验，并且这些思想实验往往是大科学家，或者是“哲人科学家”提出来的，比如爱因斯坦、薛定谔等。但是，在科学中，真正起作用的还是真实的实验，在现实世界中开展的实验。2022年，诺贝尔物理学奖颁给了法国物理学家阿兰·阿斯佩

（Alain Aspect）、美国理论和实验物理学家约翰·弗朗西斯·克劳泽（John Francis Clauser）和奥地利物理学家安东·塞林格（Anton Zeilinger），以表彰他们在量子信息科学研究方面作出的贡献。他们的获奖工作是确定了贝尔不等式在量子世界中不成立。贝尔不等式的起源就是爱因斯坦在1935年提出的一个思想实验，爱因斯坦—波多尔斯基—罗森佯谬（简称EPR佯谬）。这个思想实验的结论是，量子力学是不完备的，即波函数没法给出关于物理实在的完整描述。1964年，贝尔（John Bell）提供了一个可以付诸实验检验的不等式，思想实验由此演变成真正的实验。2022年获得诺贝尔物理学奖的三位科学家正是前仆后继地真正检验贝尔不等式，实验结果与EPR佯谬的结论相反。量子力学是完备的，相反，EPR思想实验中的一个基本预设——定域性原理——是错的。因此，在科学中，真正具有证据作用的是现实世界中开展的实验，而不是思想实验。思想实验可以帮助我们理解科学理论，推动科学发展，EPR佯谬在此意义上价值非凡，但是它不是证据。如果爱因斯坦的那些精妙的思想实验都是错的，你何以保证其他的思想实验是对的呢？科学界并没有因为EPR佯谬而相信量子力学是不完备的，思想实验毕竟是思想实验。但是，在贝尔不等式检验实验的结果下，真正的科学家就必须接受量子力学是完备的。科学家对于思想实验与真实实验的不同反应也侧面揭示了两种实验的不同证据地位。

实验有一种突破现有框架的能力，它的结论有时是出人意料的，也就是说它经常可能是反直觉的。按照某些新实验主义哲学家的想法，实验也是有自己生命的。然而，思想实验总是顺从直觉的。在此意义上，它总是保守的。这样看来，如果伽利略真的想要表明亚里士多德的落体理论是错的，那么他还得真正实验一番？并且，前仆后继的实验努力是必要的，只有这样才能排除各种无关要素，让真正的理想实验在现实世界中发生。在这里，有必要重温丹尼特对黑白玛丽思想实验的评论：

最后一点观察：我发现有些哲学家认为我对感受质（Qualia）

> 的处理方式是不公平的。我没有遵守哲学思想实验的基本法则。“但是，丹，你的观点太反直觉了！”没错，这就是关键所在。它当然是反直觉的。到底在哪写着真正的唯物主义意识理论应该是符合直觉的？我一直坚持认为它可能是非常反直觉的。这就是“纯粹”的哲学方法的问题。它没有资源来发展，或者认真对待一个反直觉的理论。但是，由于真正的唯物主义意识理论会是非常反直觉的（就像哥白尼天文学理论——至少起初是这样的）。这意味着“纯粹”的哲学必须承认无能为力，退缩到保守的概念人类学领域，直至科学的进步让它摆脱痛苦。哲学家们必须做此选择：要么玩一些日常概念的游戏（普通的语言哲学仍然存在，作为一种社会人类学），要么他们可以认真考虑那些日常概念其实是幻觉生成器。（Dennett，2006：30）

保罗·萨加德（Paul Thagard）可以说是思想实验怀疑论的集大成者。在他看来，将思想实验等同为（科学）证据，并尝试为理论辩护是彻头彻尾错误的。他将之称为思想实验的“七宗罪”：a. 不可靠，得出错误结论。b. 背景条件不明。c. 忽视其他相关证据。d. 循环论证。e. 阻止探索。f. 浪费时间。g. 败坏哲学的名誉。（Thagard，2014）在这里简单论述一二。

a. 不可靠，得出错误结论

伽利略的落体思想实验是不少思想实验拥趸的心头好，但是更多的思想实验其实是失败的。比如说牛顿曾经用水桶思想实验来证明时空的绝对性，这已经被相对论所推翻。在哲学里，这种情况更为常见，我们可以列举一些：

> 1. 笛卡尔认为，人们可以设想没有肉身的思维，因此人的本质是思维。
>
> 2. 克里普克认为，疼痛不是一种大脑神经过程，因为他可以

设想在某些可能世界中，有疼痛但没有大脑神经过程。

3. 大卫·查尔默斯（David Chalmers）认为，外表、行动与正常人别无二致，但缺乏意识的僵尸（zombies）是可能的。因此，意识并不是大脑神经过程。

4. 约翰·塞尔（John Searl）的中文屋思想实验，人工智能没法真正理解语言。

5. 普特南（Hilary Putnam）的孪生地球思想实验，意义不完全是在头脑中的。

这些思想实验全都是错的。心身同一（Mind-Body Identity）假说是目前最好的理论，能够解释纷繁复杂的意识现象。

b. 背景条件不明

各种思想实验往往没有真正搞清楚它们的预设是什么，这也使得哲学家们可以上下其手，尽情发挥其丰富的想象力。这对于他们或许是好事，但对于思想实验作为证据是天大的祸害。

例如，各种人格同一性的思想实验往往会引入科幻小说一般的情节，却完全不考虑这种情节背后所预设的物理要求。人的物理分解、组合到底需要什么前置条件等。又比如，人们熟知缸中之脑思想实验，但很少有人真正思考，计算机真的能够将感受灌注到人脑中吗?[①] 这些模糊的背景条件是思想实验不可靠的一个很大原因，也是它受到哲学家错误欢迎的根源所在。

c. 忽视其他相关证据

思想实验常常被认为是普遍的，它的适用范围是如此广泛，不仅仅是我们的现实世界，还包括所有可能世界。这样一来，就显得没有必要再去搜集相关的经验证据。毕竟，我们的现实世界不过是所有可能世界中微不足道的一个而已。

① 翟振明在中山大学《虚拟现实》课程中多次提及此想法。缸中之脑并不现实，他的虚拟现实是更真实的（real）。

事实上，找到那样一种普遍性的知识，或许只是一种奢望。着眼于我们的现实世界才是一种更可取的立场。

d. 循环论证

前面已经讨论过思想实验的保守性，它总是顺着人们已有的直觉走，不会对直觉提出批评。在萨加德看来，思想实验实际上是循环论证的。人们总是先有一个想法，然后用一个似是而非的思想实验来论证它。但是，在思想实验中，总是将这个前提（想法或直觉）嵌入思想实验里面去了。这样一来，思想实验总是能够满足提出者的喜好。

e. 阻止探索

美国实用主义的鼻祖皮尔士曾经提出过这样一个基本的认知原则：不要阻止探索（Do not block the way of inquiry）。思想实验却往往对探索起到了反面作用。当人们用思想实验去产生新的想法或理论时，这不会有任何问题。但是，当人们将思想实验当作可靠的证据，放诸四海而皆准，问题就出现了。各种可能的理论被忽视或压制了。设想一下，如果你被塞尔的中文屋论证说服，那么也许你就不会再努力去创造一个能够理解语言的程序。幸运的是，实干的科学家没有被这些思想实验迷惑。否则的话，现在的大语言模型（Large Language Model）也许压根就没有机会问世了。

不少科学家对科学哲学的蔑视，也许也可以在这里找到部分根源。一方面，科学家有必要对科学哲学有更多理解，以便发表准确的看法。另一方面，哲学家也有必要反思，什么样的科学哲学可能会对科学的发展有所助力。否则的话，鸟类学家对鸟有什么用呢？

f. 浪费时间

科学家、哲学家们将时间、精力浪费在各种思想实验的反复辩驳之上，而没有将时间投入真正地探索这个现实世界中。这不能不说是一种遗憾。

g. 败坏哲学的名誉

萨加德心目中的思想实验有重要作用，但这种作用只能局限在产生新的想法上，而不能用来辩护某种想法。现代哲学经常对科学产生负面的效果，比如说塞尔的中文屋论证，还有休伯特·德雷弗斯（Hubert Dreyfus）的《计算机不能干什么》（1992）。这些哲学思想实验成为外行反对人工智能的最强音。

如果思想实验不是证据，那么证据物理痕迹说就不会遇到任何挑战。并且，怀疑主义与证据物理痕迹说之间存在更紧密的关系，可以说，它们是互相支持的。如果证据只能是物理痕迹，并且思想实验既不是物理痕迹，也不是来自物理痕迹，那么思想实验就不是真正的证据。可以说，证据物理痕迹说部分支持了怀疑主义：

1. 只有物理痕迹是真正的证据；
2. 思想实验并不产生物理痕迹，也不是来源于物理痕迹；
3. 所以，思想实验不是真正的证据。

当然，本书不打算走那么远，也不打算为怀疑主义辩护。思想实验与物理痕迹到底是一种什么样的关系，仍是值得考察的话题。也就是前提 2 是不是成立，仍是可疑的。在对思想实验的其他理解中，思想实验与物理痕迹之间的关系将得到进一步的阐明。

第三节　思想实验是证据：经验主义

在上一部分，笔者讨论了思想实验的怀疑主义，即思想实验并不能成为证据。那么，如果它可以成为证据，这是否意味着证据物理痕迹说就是错的呢？有没有可能它是某种隐藏的物理痕迹，或者其证据效力其实还是来自物理痕迹，或者与物理痕迹有千丝万缕的联系呢？这就是后面两节要讨论的问题。如果思想实验真的能够成为证据，这会是为什么呢？它何以具备这种特殊的认识论地位？我们可以从约翰·诺顿（John Norton）提炼的思想实验的认识论难题讲起。

> 如果思想实验能够告诉我们物理世界的新信息，但其本身不需要物理世界的新信息。那么这个新信息要么来自原有数据的重组（rearrangement），要么来自理性直觉（rational insight）。（Norton，1996）

诺顿自己的选择是前者，思想实验能够告诉我们物理世界的新信息，这是因为它能够重组原有的数据。它源自一种彻头彻尾的经验主义立场：我们关于世界的所有知识最终都是来源于经验的。

这种重组是以何种方式进行的呢？如果托马斯·库恩（Thomas Kuhn）关于科学革命的说法是正确的，那么思想实验带来的数据重组就是概念重构（Conceptual Constructivism）（Kuhn，1964）。不同的范式有不同的概念框架，思想实验可以表明某种概念框架是成问题的，比如说伽利略的落体思想实验表明亚里士多德落体理论是自相矛盾的。可以说，思想实验是科学革命的前奏，带来原有概念框架（理论）的危机。或许也正是这个原因，各种理论在草创之初会有各式各样的思想实验，比如爱因斯坦的电梯思想实验、薛定谔的猫等。当然，这种想法很大程度上是依附在库恩的整体范式思想之下的，并不容易给出一个恰如其分的评价。因此，关于概念重组，笔者只打算说这么多，有兴趣的读者可以参考库恩自己的论文。

诺顿自己的答案则是论证（Argument）。在他看来，思想实验实质上就是图像化的论证。只不过，这些论证被隐藏或伪装起来，不容易得到辨认。这也使得人们不容易真正理解思想实验。一个论证有个基本构成部分：前提、论证方式和结论。思想实验作为论证，它的前提并不神秘，就是来自经验世界。可以说，它是人们在日常生活、认知、学习中，潜移默化获得的。论证有两种基本方式：一种是演绎论证，这种论证是保真的（truth-conserve），也就是说，只要前提是真的，那么结论就一定是真的。另一种是归纳论证，即使前提是真的，结论也可能为假。所有不保真的论证都可以划归此类，如类比推理、解释推理等。思想实验作为论证，可以采取各种论证方式，它可能是演绎的，也可能是归纳的；思想实验的结论也就是论证的结论。

在此想法下，诺顿用反证法重构了伽利略的落体思想实验：

1. 假设给定介质，物体下落速度与其重量成比例。

2. 如果一个重物以速度 8 下落，那么只有一半重的轻物以速度 4 下落。（根据前提 1）

3. 如果将重物与轻物用绳连起来，轻物会拖拽重物，轻物会比原来下落得快，重物会比原来下落得慢。（预设）

4. 如果将重物与轻物用绳连起来，那么它们的联合速度会小于 8。（根据前提 3）

5. 如果将重物与轻物用绳连起来，两者的联合体的重量会比重物大。（预设）

6. 联合体的下落速度会大于 8。（根据 1 和 5）

7. 结论 4 和 6 矛盾。

8. 所以，我们必须拒绝前提 1。

9. 所以，所有物体以同等速度下落。

诺顿的论证主义是相当具有说服力的一种理论，它很好地解释了为什么思想实验不提供新的实验数据，却具有证据效力。并且，它也为评价思想实验提供了标准。一个好的思想实验就是一个好的论证。好的论证要求：（1）前提是真的，或很可能为真的；（2）论证方式是可靠的。一个好的思想实验也同样需要满足这两条。有些思想实验之所以是糟糕的，就在于其前提预设可能是假的、自相矛盾的，或者其隐含的论证方式是不可靠的，比如说某些类比推理。

当然，论证主义也受到了不少批评。比如说，所有的真实实验也可以重构成论证的形式，思想实验和真实实验的差别到底在哪呢？为什么真实实验总是具有证据效力，而思想实验有时却可以弃之不顾？在笔者看来，这里面的关键是，论证主义忽略了思想实验里面的图像式操作。在思想实验中，我们需要设想将一支矛朝世界边界扔去，设想将轻重两个球绑在一起自由下落等。在论证主义者看来，这些图象式的要素都是多余的，对思想实验成为证据毫无作用。当然，论证主义者承认，思想实验可以帮助我们理解、掌握相关论证，但是其作用也就到此为止了。原则上，即使没有图像化的思想实验，论证依然可以完成所有工作，引导我们获得真理。简而言之，图像到底在思想实验中占据一个什么样的位置，对此问题的不同看法会引导我们走向论证主义的正面或反面。

最后，让我们回到本书关心的问题上来。如果思想实验实质上是论证，那么它的证据效力来自何方？一个好的、具有证据效力的思想实验必须满足两点：（1）前提是真的，或者很可能为真；（2）论证方式是可靠的。在这里，我们可以暂时不考虑条件（2），因为它可以被看成是将证据从前提传递到了结论。论证主义的基本想法是，思想实验的前提来自经验，也就是说其证据效力最终是来自经验的。这种想法与证据物理痕迹说不会有一丁点矛盾。在第二章讨论证据心理主义理论时，我已经将类似这样的经验感受还原到物理痕迹上去。

1. 我感觉到冷，这是天气转凉的证据。(知觉经验)

2. 我记得今天是星期三，这是今天真的是星期三的证据。(记忆经验)

在这里再简单重复一下，各种经验感受，无非是外部世界与主体感知觉器官的相互作用。这种相互作用不可避免地也会留下来物理痕迹，这些物理痕迹也是一切认知故事的开端。证据物理痕迹说与经验主义之间的相互融洽并不是偶然。经验主义、自然主义、物理主义，这些想法之间存在差别，有些差别可能还不小。但是，它们具有明显的亲缘关系；自然主义、物理主义可以说是经验主义在现代哲学领域的继续发展。

第四节　思想实验是证据：唯理主义

这一部分将讨论对思想实验的另一种理解——唯理主义理解。詹姆斯·布朗（James Brown，1991）是唯理主义的主要代表。和诺顿一样，布朗也相信思想实验能够支持或反驳理论，是一种不折不扣的证据类型。思想实验能够告诉我们有关世界的新信息，但它本身不需要新的经验信息。这是为什么呢？诺顿相信，这是由于思想实验重构（reconstruct）了过往的经验，将已有信息以一种出人意料的方式呈现出来。布朗则不这么看：

> 思想实验是朝向抽象世界的望远镜。（Brown，2004a：1131）
>
> 在其他地方，我将它们（思想实验）称为柏拉图式的。我认为它们是非凡的——它们能够提供我们关于自然的先天（a priori）知识。（Brown，2004b：30）

换言之，在布朗看来，思想实验之所以能够充当证据，支持或驳斥相关假说，这是由于思想实验能够为我们提供新的抽象知识，思想实验的证据效力源自理性直觉（rational intuition）。布朗的想法无疑是反潮流的，与当今自然主义占据主流的哲学界格格不入，但这不等于它就是错的。我们仍有必要认真思考其可能性。布朗是如何为自己的唯理主义辩护的呢？

首先，布朗相信柏拉图主义。这个世界不完全是由具体的个例构成的（particulars），它还包括各种共相（universals）。并且，这些共相不依附在个例之上，而是独立存在的。数学就是一门典型的研究共相的学问，数字（如1、2、3等）和集合等都是共相。

其次，布朗认为自然律（Law of Nature）就是关于共相的。在伽利略的落体思想实验中，我们可以得出，物体下落的速度与其重量无关。

这个结论并不是过往经验的重构，而是直接来自我们的理性直觉的，就像我们直觉到“2+3=5”一样。在此意义上，科学也不是一门纯粹诉诸经验的学问。

最后，理性直觉并不神秘，它就像感知一样。在感知活动中，我们看见面前的绿树、青草。在理性直觉中，我们同样“看见”2+3=5。诺顿等经验主义者不能接受这样的看法，理性直觉好像是一种“认知魔法”（epistemic magic），就像是老巫婆的水晶球，次次应验，却不知何故。布朗回应称，这种批评或许是有失公允的。对于理性直觉，我们的理解确实不足，但是同样的，我们对于感知觉就理解得够多了吗？更何况，就算不明白理性直觉的具体机制，我们仍然可以根据理性直觉而获得新知。难道在现代科学之前，人们看见眼前有一棵树，就不知道他眼前有一棵树？

在其他地方，布朗还为自己的唯理主义提供了两个具体的辩护，第一个是这样的：

> 我断言（伽利略的）思想实验提供先天知识的理由是非常简单直接的。首先，从亚里士多德的落体理论到伽利略的落体理论的过程中，我们并没有使用什么新的经验数据。其次，它也不是什么逻辑真理。（Brown，2004a：1129）

这个论证可以重构如下：

> 1. 我们从伽利略的思想实验中获得了新知识。
>
> 2. 在思想实验的过程中，我们并没有提供新的经验输入。
>
> 3. 如果某个知识是独立于经验输入获得的，那么它就是先天的。
>
> 4. 因此，我们从伽利略思想实验中获得的新知识是先天的。（从1、2和3）

5. 伽利略思想实验的结论并不是逻辑真理。

6. 因此，我们从伽利略思想实验中获得的新知识并不是逻辑真理。

7. 伽利略思想实验给我们关于世界的非逻辑的先天知识。（Grundmann，2018）

这里面有不少可批评的地方，比如说前提3。如果某个知识是独立于经验输入而获得的，那么它就是先天的吗？至少，诺顿肯定不会同意。就以伽利略的落体思想实验为例，我们还是需要有一些背景知识的：什么时候两个物体可以看成是一个物体？用可伸缩的绳索连接它们是一种恰当的连接方式么？如果一个物体下落快，另一个物体下落慢，它们又被连在一块，速度为什么会是居中的，比快的慢，比慢的快？即使没有经验输入，由此获得的知识仍很可能是不折不扣的经验知识，而非先天知识。

布朗的第二个论证则是这样的：

> 根据数学柏拉图主义，我们能够“感知”（perceive）数学中的抽象对象……因此，“感知”抽象对象完全是可行的……既然自然律是抽象对象，那么它们也能被“感知”到。（Brown，2004a：1131）

它可以被重构如下：

1. 我们可以直觉到某些抽象对象；
2. 自然律是抽象对象；
3. 所以，我们很可能可以直觉到自然律。（Grundmann，2018）

只能说，这个论证的证明效力就更差劲了。自然律和数学对象真的像吗？后者能够被直觉到，这意味着前者也可以被直觉？况且，前者能够被直觉，这种柏拉图主义的看法本身就备受批评。

在这里，笔者不打算详尽地批评布朗的论证，首先简单陈述自己的立场，并在后面内容尽可能公允地批评布朗。笔者相信，尽管布朗的唯理主义有一些理论吸引力，但它很可能是错的。布朗的结论有太多可疑的前提，这些前提可能都是错的，也可能其中一部分是错的。不管怎样，只要有一个前提是错的，布朗的唯理主义就很难成功。

第一，布朗的唯理主义理论没法分辨思想实验的好坏。布朗承认许多思想实验并不可靠，甚至互相矛盾，正如丹尼尔·丹尼特对“黑白玛丽”的批评一样。在布朗看来，真正的实验也经常出错，有时也不容易分辨真实实验的好坏。如果是这样的话，就有必要提出一系列标准来分辨思想实验的好坏，比如在思想实验的设置环节、背景、步骤等，就像在真正实验中我们所做的那样。

唯理主义的同情者可能会这样回应，如果布朗的唯理主义没法分辨思想实验的好坏，那么直觉主义就因此是错的吗？更一般地：

> 如果关于 X 的理论 Y 没法分辨 X 的好坏，那么这个理论 Y 就是错的。

笔者相信，这个立场是太强的。一种可能是，这种理论 Y 正在发展，在不久的将来就能足够好地分辨 X 的好坏。还有一种可能是，其他关于 X 的理论，也没法分辨 X 的好坏。X 的好坏是一个困难的话题，看不到有理论可以一揽子解决这个问题等。也就是说，理论 Y 错误并不是它没法分辨 X 的好坏的最佳解释。至多，我们可以说：

> 如果关于 X 的理论 Y 没法分辨 X 的好坏，那么这个理论是有瑕疵的。

无论如何，我们可以很有把握地说布朗的唯理主义是有缺陷的。那么它可以如何发展，如何说明一个思想实验的好坏呢？布朗对此也没有明确回应。

第二，柏拉图主义可能是错的。关于这个世界是否存在共相，大致上有三种主张。第一种是唯名论（Nominalism），这个世界上只有个例，没有共相。第二种是亚里士多德主义，这个世界上有个例，也有共相，但是共相并不能独立存在，而是依附在个例之上的。第三种就是柏拉图主义，承认存在独立于个例的共相。这是一场历史悠久的哲学争论，笔者没有能力在这里给出一个确凿的结论。至少，柏拉图主义可能是错的。2020 年，大卫・布尔热（David Bourget）和大卫・查尔默斯（David Chalmers）公布了 PhilPapers 的调查结果，这是他们 2009 年调查的继续。其中，关于抽象对象，有 38.4% 的哲学家选择柏拉图主义，有 41.8% 选择唯名论，还有 19.7% 的哲学家不置可否或持有其他立场。（Bourget & Chalmers，2023）

第三，布朗对自然律的理解可能是错的。如果我们真的可以直觉到自然律，那么何以多数自然律却是通过实验手段获得的呢？关于自然律，目前哲学理论界的主流立场是休谟主义：自然律无非就是一般性的概括，它往往采取如下形式：

$$\forall x(Fx \rightarrow Gx)$$

还是依据布尔热和查尔默斯的调查报告，在哲学家们里面，有 31.3% 赞成休谟主义，有 54.3% 反对休谟主义，另有 14.9% 立场不明。（Bourget & Chalmers，2023）总之，这也是一场旷日持久的哲学争论，很难看出谁对谁错。

如果布朗想要为唯理主义辩护，那么他还需要完成这些工作：1. 发展一种完善的唯理主义思想实验观，足以分辨思想实验的好坏；2. 为柏拉图主义辩护；3. 击溃自然规律的休谟式理解。对于他或者其思想继承者能否完成这些工作，本书持有一种悲观态度。

最后，让我们回到证据的物理痕迹说。如果布朗对思想实验的解读是正确的，那么在思想实验中，我们的确可以获得关于世界，特别是自然律的一种理性直觉，那么证据物理痕迹说就是错的，或者至少需要有很大的修正。这其实是两种世界本体论主张的冲突，如果一个人接受柏拉图主义，那么他就不会是物理主义者，也不太可能会接受证据物理痕迹说。在这里，笔者不打算为物理主义辩护，或者攻击柏拉图主义。这项工作太过庞大，远远超出了本书的范围。但是，有趣的是，如果我们采取物理主义世界观，认可自然主义，并在此基调下理解理性直觉，或许情况会很不一样。

这方面的代表人物是埃尔克·布伦德尔（Elke Brendel，2004）。布伦德尔将理性直觉理解为心智的带有确信感觉的命题式态度。理性直觉从何而来，又何以具有认知效力？可以从两方面着手回答这个问题：一是人类的生物构成，二是进化论来源。换言之，在自然主义的视野内，我们可以给直觉一个很好的说明。直觉无非是由进化而来的，其本身并不神秘。如果采纳这种理解，那么证据物理痕迹说就不会遇到什么特殊的挑战。因此，只有在布朗式的唯理主义是对的前提下，证据物理痕迹说是需要大幅修正的。但是，正如前面所论证的，布朗式唯理主义不太可能是对的。

第五节　思想实验是证据：其他

诺顿的经验主义和布朗的唯理主义之间有不少中间地带，多数哲学家的立场其实就是在这些中间地带。在这里没法完全讨论所有这些想法，只能择要简略谈论。

这里面，一种有趣的想法是实验主义（Experimentalism），其代表人物是罗伊·索伦森（Roy Sorensen）。在索伦森看来，思想实验是未完成的实验，还没有真正实施而已（Sorensen，1992）。不难想象，有些实验是不容易开展的，甚至于是不可能的。这些限制有时是物理的，有时则是道德的。例如，在牛顿力学中，如果物体有初速度 V_0 不等于 0，并且它运动在一个绝对光滑的平面上，那么它将永远运动下去。但是，在现实世界中，这样绝对光滑的平面是找不到的。道德限制的情形也很容易设想，比如杰克逊的黑白玛丽实验，出于道德要求，我们没法将实验对象关在一个只有黑白的世界。但是，这些实验原则上（in principle）是可能的。如果不考虑道德、不考虑物理限制，那么这些实验就是可以真正开展的。如果思想实验其实就是这些没有真正开展的实验，那么思想实验和物理痕迹之间的关系就可以很轻松地找到了。本章主要论证的前提 2 就是不成立的。

2. 思想实验并不产生物理痕迹，也不是来源于物理痕迹。

人类具有思考的能力，能够在头脑中展开实验，这就是思想实验。它或许和虚拟仿真、计算机模拟有异曲同工之处。这种能力从何而来呢？达尔文的进化论可以为此给出一个不错的解释。简单来说，这些能力能够帮助人们生存下来，繁衍后代。我们的头脑其实是仿真真实世界，仿真物理痕迹。

当然，这种立场对于思想实验是不是证据可以是中立的。如果你认为这样的仿真、模拟并不是真正的物理痕迹，思想实验也因此不构成真正的证据；如果你认为这样的模拟、仿真虽然不是真正的物理痕迹，但它是物理痕迹投射在人类头脑中的产物，是一种痕迹之痕迹，也因此构成真正的证据。

第六节　本章小结

思想实验是科学家、哲学家们普遍采用的一件有力武器。它常常被用来当作证据，去支持（或反对）相关假说。按照这样的想法，思想实验就是一种有效的证据。但是，表面看来，思想实验和物理痕迹之间没有任何关联。思想实验是否构成了证据物理痕迹说的一个反例呢?

在本章中，笔者仔细考察了这个问题，并给出了否定的回答。首先，思想实验是否具有证据功能，这本身就是存疑的。保罗·萨加德综合以往的看法，给出了思想实验“七宗罪”的说法。在他看来，思想实验可以用来产生新想法，但不能用来支持（或反对）某种主张。换言之，思想实验不是证据。它存在诸多不足，没有满足证据的基本条件。如果保罗·萨加德是对的，那么证据物理痕迹说就不需要回应思想实验问题。其次，即使承认思想实验的证据效力，哲学家也有不同立场。从一端的经验主义到另一端的唯理主义，都有不少支持者。在这里面，只有布朗的唯理主义对证据物理痕迹说提出了严峻挑战。但是，布朗的那种唯理主义本身并不可信。我们真的能够直觉到抽象的自然律？如果这不是认知魔法，那又是什么？

关于思想实验，还有不少有趣的立场，如心智模型说（Mental Model）：

> 在某些问题解决任务中，人们通过构建关于情境、事件和过程的心智模型进行推理。此外，在动态情形中，还可以通过模拟操作模型。（Nersessian，2018）

由于篇幅所限，本书的讨论在这里就只能告一段落了。基本结论是，思想实验并没有给证据物理痕迹说摧毁性的打击。证据物理痕迹说是一种值得严肃考虑，值得继续发展，也经得起考验的哲学学说。至于它是否真的能够成立，这需要各知识门类共同努力，而不仅仅是哲学的理论论证。

第五章　另一种证据：高阶证据与认知合理性*

证据是哲学研究中的关键概念。它能够支持或反对相关命题（信念），引导我们获得真理。然而，有一种全新的证据类型正浮出水面，它既不支持，也不反对相关命题，而是关于证据与命题之间关系的证据。为有别于一般证据，学界一般称之为高阶证据。既然高阶证据与命题真假无关，那么它还是证据吗？如果不是，那么为什么它可以影响认知合理性？如果是，那么如何理解它才是恰如其分的？事实上，高阶证据是一种货真价实的证据，但它不是相信或不相信的证据，而是悬置判断的证据。最后，索萨的认知表现理论区分了认知判断能力的三个维度：基底（Seat）、状态（Shape）以及环境（Situation）。它可以为理解高阶证据提供基本的理论框架。

第一节　开场白

明年房价是升是跌？她到底喜不喜欢我？谁在敲门？面对疑问是日常生活常见的一幕。想要回答它们，给出答案，恰当的做法是寻找相关证据，并据此评估。有些证据已经在我们头脑之中，稍加反思即可获得，另外一些则还有待发掘。为什么证据有此功效呢？一个普遍的想法是，

---

* 本章的一个版本发表在《自然辩证法研究》2023 年第 10 期，笔者是第一作者，第二作者是北京大学哲学系的陆俏颖。

证据能够支持或反对一个命题（信念），并以此引导我们获得真理。

然而，近些年来，一种全新的证据类型意外闯入哲学家的视野。这种证据的奇特之处在于，它既没有支持，也没有反对相关命题，却在认知评估中占有一席之地。设想以下两种情形：

（a）法官审阅某案件卷宗，最终断定疑犯无罪。

（b）法官审阅某案件卷宗，意外发现疑犯是自己失踪多年的外甥，最终断定疑犯无罪。

两种情形下，法官掌握的证据相同，结论一致。然而，从情形（a）到（b），法官的信念却变得不再合理，或者至少没那么合理。这是因为在情形（b）中，法官很可能会由于情感因素，自觉或不自觉地扭曲证据，偏袒疑犯。因此，“法官发现疑犯是自己外甥”，此信息显著影响了相关信念（疑犯无罪）的合理性。但是，它既没有支持疑犯有罪，也没有支持疑犯无罪。

“法官发现疑犯是自己外甥”，这个信息何以能够影响信念的认知合理性呢？以大卫·克里斯滕森（David Christensen，2010）为代表的哲学家指出，它也是证据，只不过不是普通的一阶证据，而是高阶证据，或者说证据之证据（evidence of evidence）（刘淘宁，2022）。一阶证据关心的是信念内容（命题）的真假，并会使其更可能为真（或假）。高阶证据则不然，它关心的是认知者到底有多少证据，这些证据又是否足以支撑相关信念（Ye，2023）。我们应该如何看待这种证据？它在认知活动中占据了一个什么样的位置？这就是本章想要讨论的问题。

第二节　高阶证据的多种类型

在这一部分，笔者首先会给出更多具体的案例，以便读者对高阶证据有更多直观的印象。然后根据这些案例，提炼出刻画高阶证据的两条基本原则，并加以简单说明。

（甲）信心满满的股民

老刘股海沉浮二十余载。某天，他整理分析了X股票的各种信息，宏观的、微观的、技术面的、基本面的等。在老刘看来，这些证据都清晰地指向一致的结论：它要暴涨了！老刘找妻子拿钱买股票，却被泼了冷水。“你从来没在股票市场上挣过钱，省省心吧，别瞎琢磨了。”

老刘的股票操作记录与股票X会涨会跌，还是横盘完全无关。它表明的是，老刘压根就没有判断股票涨跌的能力，并由此使得老刘的信念不再合理。

（乙）疲惫的医生

老张是住院医生。他刚诊断了一名病人，并开出相应药方。此时，护士提醒老张，他已经连续工作36小时了。老张清楚人在缺乏睡眠情况下，容易犯错。由此，他怀疑自己先前诊断的准确性。

病人罹患何病，相关的一阶证据是各种检查数据，如心电图、B超等。护士的提醒，老张自身的工作状态，这些信息与病人罹患何病无关，却能够影响信念的合理性。

（丙）迟疑的侦探

侦探老李查验了案发现场遗留的脚印、血迹，判断屠夫很可能是真正的凶手。但是，此时有一份案发现场提取到的血样正在送检，结果未知。如果送检血样与屠夫的血样吻合，那么屠夫是真凶无疑；如果不吻合，那么凶手就很可能另有其人。（Ballantyne，2015）

血样的送检结果可能支持，也可能反对屠夫是凶手。但是，谁都会承认这是一份关键证据。如果缺少这个证据，那么证据链就不够完整。因此，欠缺重要的一阶证据，或者说有重要的一阶证据即将出现，这个信息也是一种典型的高阶证据。它使得老李不应该现在就相信屠夫是真凶。

（丁）意见不一的哲学家

老程与老叶都是哲学家，他们训练有素，彼此佩服对方的专业素养。人有自由意志吗？两人就此问题多次交锋，熟悉相关文献及论证。然而，老程相信人有自由意志，老叶却笃定自由意志不过是一种幻象。

老叶和老程智力相当，受过相似的严格训练，掌握同样的证据，最终却得出了相反的结论。这种现象被称为同辈分歧（peer disagreement），在科学、政治、哲学等领域比比皆是。以托马斯·凯利（Thomas Kelly）为代表的哲学家主张，同辈分歧其实也是一种高阶证据。（Kelly，2010）

什么是高阶证据？不同哲学家会有不同的想法及主张。但是以下两点应该会得到多数哲学家的认同：

（D1）高阶证据不同于一阶证据，与命题真假无关；

（D2）高阶证据可以影响认知评价，如认知合理性，是一种货真价实的证据。

相对而言，D1是更直观的，不需要太多辩护，前面的例子也清晰显示了这一点。对D2的最好说明来自克里斯滕森。在他看来，忽略高阶证据是独断的。如果你忽略高阶证据，那么其实就是视其为误导性（misleading）的，即它会引导你形成假信念。然而，只有在原信念为真的前提下，高阶证据才是误导性的。因此，忽略高阶证据就是独断地认定原信念是真的。下面的讨论就将围绕 D1 和 D2 展开。

第三节　高阶证据不是证据?

在第二节的各类案例中，我们注意到高阶证据往往起到了一种负面的效果，它使得原有信念不再合理，或者至少没那么合理。换言之，高阶证据能够削弱，甚至完全摧毁信念的合理性。这意味着，高阶证据能够成为认知击败者（epistemic defeater）。

认知击败者这个想法首先是由约翰·波洛克（John Pollock）提出来的。他区分了两种不同类型的认知击败者：反驳者（Rebutting defeater）与取消者（Undercutting defeater）。设想同事甲告诉你，老王毕业于南京大学。但是，档案显示老王毕业于北京大学。档案就是一个反驳者，直接反驳了同事甲的证言。如果有其他证据表明，同事甲经常信口开河，而且他也不认识老王。那么，这些证据就是取消者。它们没有直接反对甲的证言，而是使其变得不再可靠。来自行动哲学理由领域的研究表明，认知击败者或许还有另外两种可能：一是削弱者（Attenuating defeater），它可以削弱其他理由支持信念的强度；二是排除者（Excluding defeater），它可以排除某些特定理由，不再将之纳入考虑范围。后面会进一步解释这两种可能的认知击败者，并给出具体的案例。

因此，高阶证据作为认知击败者，一共有以下四种可能：

（1）反驳（Rebut）：直接支持相信非 p，由此反对相信 p。

（2）取消（Undercut）：摧毁支持相信 p 的理由 R，使其不再是理由，由此反对相信 p。

（3）削弱（Attenuate）：削弱理由 R 支持信念 p 的强度，由此反对相信 p。

（4）排除（Exclude）：排除支持信念 p 的理由 R，不再将其纳

入考虑范围，由此反对相信 p。（McGrath，2018）

可以用两个问题区分以上四种可能性。第一个问题是其他一阶证据与命题（的真）之间的支持关系是否保持不变；[①] 第二个问题是其他一阶证据是否仍然起作用。具体区分如下表所示：

表 5－1　　四种认知击败者

	其他一阶证据与命题（的真）之间的支持关系是否保持不变？	其他一阶证据是否仍起作用？
反驳	是	是
取消	否	否
削弱	否	是
排除	是	否

一　反驳

先来看第一种可能，高阶证据直接支持相信非 p，由此反对相信 p。初看起来，这是不可行的。如果高阶证据直接支持相信非 p，那么它无非就是在表明 p 是假的。这违背了：

（D1）高阶证据不同于一阶证据，与命题真假无关。

既支持相信非 p，同时又与 p 的真假无关，这是可能的吗？

一种想法是引入状态理由（State-Given Reason）（DiPaolo，2018）。这是一种特殊的理由类型，它支持你去相信 p（或非 p），却与 p 的真假无关。设想以下情形：

① 证据支持关系到底是什么关系？这是有争议的。它可能是逻辑的，证据蕴含命题的真；也可能是概率的，证据提高命题为真的概率；还可能是解释的，命题的真能够解释证据。

> 如果你相信自己的工作毫无价值，那么就会得不到幸福，郁郁而终。如果你相信自己的工作意义重大，那么就会度过幸福的一生。你想要度过幸福的一生，因此选择相信自己的工作对人类社会有重要价值。

在这里，你的愿望“想要度过幸福的一生”就是典型的状态理由。它支持你去相信自己的工作意义重大，反对你去相信自己的工作毫无价值。但是，这种理由与工作本身是否有价值毫无关系。高阶证据或许也是相信非 p 的状态理由，它与命题真假无关，却可以影响信念的合理性。

这种思路的最大困难在于，“状态理由”或许只是名为“理由”，其实压根就不是理由，也不能影响合理性。这里的一个关键困难是，状态理由没法促使你直接去相信。[①] 你想要度过幸福的一生，而不是郁郁而终，那么你能否因为这个理由而真正相信自己的工作意义重大呢？恐怕我们并没有这种直接的“自欺欺人”的能力。一个没法促使你相信的理由，它还是理由吗？理由应该能够促使我们去行动（或相信），但是状态理由不满足这一点，也就是说，状态理由虽然名为理由，却没有满足理由的动力（Motivate）原则：

> 如果 R 是主体 S 去 φ 的理由，那么至少 S 可以由于 R 而去 φ。

这是一条在行动、认知领域获得普遍认可的原则。其中 φ 可以是行动，也可以是认知状态，如相信。如果高阶证据是状态理由，而状态理由不是理由，那么 D2 就得不到满足，高阶证据将没法影响信念的认知合理性。

还有一种想法是：高阶证据支持的其实并不是信念〈非 p〉，而是

① 它或许可以以一种间接、迂回的方式促使你相信。

另一个高阶信念，即关于信念 p 的信念。例如，认知者 S 相信〈自己没有掌握足够的证据去相信 p〉。血样送检报告还未出炉，这不是老李的一阶信念〈屠夫是真凶〉的正面（或反面）证据，而是老李的高阶信念〈我还没有掌握足够的证据去相信屠夫是真凶〉的重要证据。因此，高阶证据其实不是一阶信念的高阶证据，而是高阶信念的一阶证据。①

这种想法似乎是可行的。但是，这样一来，D1 就得不到满足。高阶证据的特殊性将不复存在，它最终还是与命题的真假相关。只不过这里的命题不再是 p，而是另一个关于 p 的命题。它不再会是“另一种证据”，而无非是“更多的证据”。（Lasonen-Aarnio，2014）

需要明确的是，本书的宗旨并不是彻底驳倒以上可能性，而是探索在保留基本原则 D1 和 D2 的基础上，是否有可行的方案。然而，上面的分析表明，如果高阶证据是以反驳者面貌出现的，那么它要么是伪装的一阶证据，要么压根就不是证据。（Whiting，2021）

二　取消

第二种可能是，高阶证据摧毁了支持信念 p 的理由 R，使其不再成为理由，由此反对信念 p。例如：

> 张三在法庭上作证，他目睹了李四行凶的全过程。这是给李四定罪的强有力证据。然而，辩方律师提供的消费记录以及照片显示，案发时张三远在万里之遥，根本不可能目击案件。

辩方律师提供的证据表明，张三的证言根本不可信。因此，这份证言也就不再是证据，不能支持李四有罪。

高阶证据是这样的釜底抽薪式证据吗？答案是否定的。一阶证据与命题之间的支持关系并没有被破坏，它们仍然是相信的好理由。可以设

① 在此背景下，高阶证据与一阶证据如何相互作用仍是不明朗的，毕竟两者并不是同一信念的证据。

想一下，血迹、脚印、案件卷宗等，这些证据落到其他认知者手中的情形。

三　削弱

第三种可能是，高阶证据削弱了理由 R 支持信念 p 的强度，由此反对信念 p。常见的情形包括引入一个全新的假说：

> 科学家们曾经普遍相信假说 H 是真的，它能够很好地解释现有证据 E。然而，科学家 S 提出了一个全新的假说 H^*。H^* 能够同样好地解释现有证据 E，并且 H^* 和 H 是不相容的。

在新假说 H^* 出现后，证据 E 对原有假说 H 的支持力度显著降低。此时，仍然相信 H 就会变得不再合理，或者至少没那么合理了。

一个同样好的全新假说 H^*，或者是存在其他同样好的假说的可能性，它们是不是反对假说 H 的理由呢？这在科学哲学中是一个颇有争议的话题。在这里，我们先承认这种可能性。那么，高阶证据是不是以同样的方式影响了信念的认知合理性呢？答案看起来还是否定的。引入新假说 H^* 的情形与上述案例（甲）（乙）（丙）（丁）并没有什么共同之处。

四　排除

最后，还有一种常被忽视的可能是，高阶证据能够排除某些理由，要求认知者对它们弃之不顾。也就是说，在考虑是否要相信 p 时，高阶证据要求将这些理由彻底排除在外。可以借鉴行动哲学的相关研究来帮助我们理解这种情形。约瑟夫·拉兹（Joseph Raz）（2022）曾经给出这样的例子：

> 设想你的孩子到了上小学的年龄，有两个选项：一是公办小学，离家近、收费低、教学质量一般；二是私立小学，离家 7 公里、收费高、教学质量稍好。权衡各种理由后，你觉得公办小学更

合适。但是，你曾经向妻子许诺：在考虑孩子教育问题时，会完全从孩子的利益出发，排除与之不相关的要素。因此，你最终还是决定送孩子去私立小学。

距离、收费、教学质量，这些都是一阶理由，它们决定了送孩子上什么学校是更合理的。然而，你曾经承诺：在决定送孩子上什么学校时，会完全从孩子的利益出发，排除其他不相关要素。距离近，方便你接送；收费低，减轻经济负担；它们是影响决策的一阶理由，但是与孩子的利益并无关联。因此，距离、收费这两个要素就被排除在外了。

在克里斯滕森看来，高阶证据也是以类似方式起作用的。这些一阶证据与命题之间的支持关系并没有受到影响，也就是说它们与命题（的真）之间的关联并没有被破坏。但是，这些一阶证据被“括号”括起来，被排除在外，不再能够进入认知决策中去。

高阶证据是不是这样的排除者呢？有两点疑问：

1. 高阶证据到底是怎样排除一阶证据的？不少情形下，高阶证据并不像承诺或誓言那么强。比如说昨晚没睡好，导致判断力受损，这也是典型的高阶证据。但是，这样的高阶证据并不能完全排除一阶证据。（某人）反复计算 $25*23=575$，难道昨晚没睡好是不去相信它的理由？在此意义上，一阶证据似乎可以与高阶证据同台竞技，并且彻底击败高阶证据。如果高阶证据是排除者，那么它就只能与一阶证据冲突（conflict），却没法比较（compare），毕竟它们不在同一层面上。

2. 作为排除者的高阶证据，它还是证据吗？前面讨论了理由的动力原则，理由应该能够促使我们行动（或相信）。如果高阶证据是排除者，那么它还能成为相信的理由吗？还能影响认知合理性吗？高阶证据作为排除者，可以要求认知者不能根据某些一阶证据而去相信。但是，我们没法由于高阶证据而去相信。医生老张由于身体状况不佳，缺少睡眠，因此他可以将其他一阶证据排除在外。但是，他没法因为自己身体状况不佳，缺少睡眠，就去相信什么。

在遍历所有可能性之后，我们仍未能给高阶证据找到一个合适的位置。首先，高阶证据没有破坏一阶证据与命题（的真）之间的支持关系，它不会是取消者，也不会是削弱者。其次，如果高阶证据是反驳者，那么它要么是伪装的一阶证据，要么压根就不是证据。最后，如果高阶证据是排除者，那么它也很可能不是证据，也就是说，高阶证据的两个基本要素 D1 和 D2 没法全部得到满足。要么否定 D1，高阶证据其实就是高阶信念的一阶证据；要么否定 D2，高阶证据根本不是证据，更不会影响认知合理性。

第四节　悬置判断的证据

到底什么是高阶证据呢？当前哲学领域对“高阶”的一个重要理解来自意识的高阶表征理论。其要旨在于，心理状态存在分层，高阶心理状态表征一阶心理状态。我对一个红苹果的视觉经验感受是一阶心理状态，我对自己这种经验感受的觉知就是高阶心理状态（Fei，2023：93－106）。如果是这样，那么真的有所谓的高阶证据吗？换言之，证据真的存在分层现象吗？

这其实是道德哲学（或行动哲学）的相关研究误导了认识论学者。道德哲学与认识论都是规范性研究，前者关心什么样的行动是好的、正当的；后者关心什么样的信念是获得辩护的，足以构成知识的等。两者存在诸多相似之处。然而，它们也有显著不同。

在行动领域，要么做，要么不做，没有第三种可能。与此不同的是，在认知领域，除了相信、不相信（disbelief）之外，还有第三种可能，那就是悬置判断（suspension of judgment/withhold）。[①] 在这里，悬置判断指的并不是某种心智行动（mental action），而是持存的心智状态

① 不少哲学家认为认知状态远超三种，事实上有无数种；相信有程度之别。我相信 2＋3＝5，相信这篇论文能被刊发，但更相信前者。这些状态有时被称为信度、置信度或信心（credence/degree of belief/confidence）。这里暂且搁置不论。

(mental state)。当然，它常常是伴随某个心智行动而来的。在此状态下，认知者对相关命题的真假不置可否，保持中立态度，既不认为它是真的，也不认为它是假的。比如说一枚被抛向空中的硬币，人们既没有相信它会是正面朝上落下，也没有相信它会是反面朝上，而是采取中立立场。一旦注意到这种独特的认知状态，我们就可以在认知评价中为高阶证据找到适当的位置。

答案就是：高阶证据是一种被忽略的反驳者，它是悬置判断的证据。三种认知状态（相信、不相信与悬置判断）其实是相互竞争的关系：

> (1) 如果有证据支持相信 p，那么它反对相信非 p，也反对悬置判断；
>
> (2) 如果有证据支持相信非 p，那么它反对相信 p，也反对悬置判断；
>
> (3) 如果有证据支持悬置判断，那么它反对相信 p，也反对相信非 p。(Schroeder, 2012)

因此，反驳信念 p 有两种可能：一种是根据（2），直接支持信念非 p；还有一种就是根据（3），支持悬置判断；被忽视的正是后一可能性。

悬置判断是一种中立状态，因此它的证据既不会支持 p，也不会反对 p，这也就很好地解释了为什么高阶证据与命题真假是无关的。一份糟糕的投资记录既没有支持股票会涨，也没有支持股票会跌（或横盘）；血样送检结果未出，既没有支持屠夫是真凶，也没有支持屠夫不是真凶等。它们要求的正是认知者在相关命题的真假问题上保持中立。并且，由于悬置判断是一种真正的认知状态，它的证据不可避免地会影响认知合理性。如果相信 p 是合理的，那么它的理由除了胜过相信非 p 外，也还应该要胜过悬置判断。

> 如果 S 相信 p 是合理的，那么至少有：

（1）相信 p 的理由胜过相信非 p 的理由；

（2）相信 p 的理由胜过对 p 悬置判断的理由。[①]

一阶证据就是相信 p（或非 p）的理由，高阶证据就是悬置判断的理由。两者其实是“同台竞技”，高阶证据并没有摧毁或削弱一阶证据的证明效力。不管有无高阶证据，相信或不相信的理由都不会发生任何变化。只不过有时高阶证据可以反驳，并压倒它们。

简而言之，高阶证据是悬置判断的证据，这是高阶证据两个关键特征 D1 和 D2 的最佳解释：

P1. 高阶证据不同于一阶证据，与命题真假无关；（D1）

P2. 高阶证据可以显著影响认知合理性，是一种货真价实的证据；（D2）

P3. 如果高阶证据是悬置判断的证据，那么 P1 和 P2 就能得很好的解释。

C. 因此，高阶证据就是悬置判断的证据。（Lord & Sylvan，2021）

最后，高阶证据是悬置判断的理由及证据。这个想法也很好地满足了理由的动力原则：

如果 R 是主体 S 对命题 p 悬置判断的理由，那么 S 至少能够由于 R 而悬置判断。

股民可以由于自己糟糕的历史纪录而放弃信念，转而悬置判断；医生也可以因为自身状态不佳，怀疑原有的病情诊断，进而悬置判断。[②]

① 条件（2）很好地解释了，当相信 p 的证据略微超过非 p 时，相信 p 仍是不合理的。

② 按照这种理解，高阶证据也可以反对悬置判断，由此间接支持信念，比如说现有证据已经足够完备，不太可能获得新证据等。

如果以上论证是成立的，高阶证据是悬置判断的证据，那么证据就没有分层现象，高阶证据其实是一种独特的一阶证据。

第五节　一个理解高阶证据的合适框架

高阶证据是悬置判断的证据，这还不是故事的全部。怎样才能深入理解高阶证据呢？高阶证据要表明的无非是，认知者并不知道相关命题是真是假。并且，这是由于认知者并没有能力去断定命题的真假。按照索萨（Earnest Sosa）的认知表现理论，判断（包括相信与不相信在内）是主体的认知表现。因此，在判断之前，有必要追问：主体是否足以胜任（Competent）这项工作？（索萨，2019：35－62）

在索萨看来，这个问题可以区分出三个不同的层次，即所谓的“SSS”结构：

> 胜任意味着：当某人尝试时倾向于成功。某时某地、某人是否胜任并不完全取决于他的相关技巧，也依赖他的状态，以及周遭环境是否匹配。

胜任的第一重结构是最内在的能力，可以称之为基底（Seat）。这是植根于人们头脑、神经系统以及身体中的。第二重结构是状态（Shape），比如说是清醒、警觉还是昏睡等。第三重结构是环境（Situation），环境是否匹配主体的能力。以驾驶为例，基底考察的是驾驶员会不会开车；状态考察的是驾驶员是否清醒、有没有饮酒等；环境考察的是当前灯光、路况等。某人胜任驾驶意味着（1）他有驾驶证，本身就会开车；（2）他现在没有饮酒，头脑清醒；（3）路况良好，没有积雪、沙尘暴等情况。同样，考察认知者是否胜任认知判断，基底、状态、环境三者缺一不可。

在此框架下，我们可以区分出三种不同类型的高阶证据。

第一种高阶证据是基底高阶证据（Se-HOE）。它表明认知者缺乏最基本的判断能力，不足以得出恰当的结论。由此，他不应该相信或是不相信。案例（甲）可以划分到此类。以往的股票交易记录表明，老刘并没有判断股票涨跌的相关能力，无法恰当评估相关证据。

第二种高阶证据是状态高阶证据（Sh-HOE）。由于目前身体精神状况不佳，认知者没法发挥自身的认知判断能力。案例（乙）就是这种情况。在嗑药、酗酒、缺少睡眠等情形下，主体的认知能力受损，不再能够做出适当判断。此时，悬置判断是唯一恰当的选择。

以上两种类型表明，高阶证据往往是与特定的认知主体相关的。一阶证据总是指向外部世界的，它告诉我们真相是什么样的，或者可能是什么样的。然而，高阶证据并不是这样，它往往指向特定的认知者。比如说，某人的判断力如何？是否受到干扰？是否带有系统性偏见？等等。

第三种高阶证据是环境高阶证据（Si-HOE）。这类高阶证据表明：即使认知者具有良好的判断能力，并处于适当的状态下，他仍可能无法得出适当的结论。这是由于目前局势并不明朗，比如说存在认知者尚未掌握的关键证据，又或者是认知者掌握的证据并不具备代表性等。案例（丙）就属于这类情形。尽管侦探老李经验丰富，状态良好，但也没法做出适当的判断，只能等待血样送检结果。

最后，案例（丁）是哪类情形呢？这个问题非常有趣，也相当复杂，在此只能简单分析一二。人有没有具有自由意志，老叶与老程意见不一。这可能是由于：

(1) 老叶与老程没有回答此问题的最基本能力；或者

(2) 当前的科学、哲学状况还不足以回答此问题。

如果是前者，那么老叶和老程就像是老股民老刘，妄下断语。案例（丁）所描述的同辈分歧现象和（甲）一样，同属基底高阶证据。为什么老叶与老程没有回答此问题的能力呢？最悲观看法是，所有人都没有这种能力；并且这种欠缺是原则上的，不可更改的。乐观一点的看法是，哲学与科学一直在进步，哲学家们正慢慢获得回答此问题的能力。当然，这两个极端之间会有不少中间立场。

如果是后者，那么（丁）所描述的同辈分歧就是环境高阶证据。它背后的想法是，回答哲学问题所需要的能力无非是理性思考的能力，哲学问题和科学、经济、政治等问题没有本质的差别。但是，目前哲学的“路况”却着实糟糕，这也导致了“驾驶”困难。为什么哲学的“路况”如此糟糕呢？它能否得到改善？这是暂时性的，还是原则上总是如此的？在这里，本书只能简单勾勒出一些可能的图景，深入探索只能有待来日了。

第六节　本章小结

高阶证据随处可见，是人类认知活动的重要部分，却没有得到应有的关注和讨论，这是一个遗憾。不同于一般证据，高阶证据既没有支持命题，也没有反对命题。然而，它可以显著影响相关信念的认知合理性。悬置判断是在相信、不相信之外的第三种认知状态，它对命题真假秉承中立姿态。高阶证据其实是一种独特的一阶证据，即悬置判断的证据。在索萨的认知表现理论中，胜任有 SSS 三重结构。据此，高阶证据也可以进一步区分出三种不同类型：基底高阶证据、状态高阶证据，以及环境高阶证据。这为深入理解高阶证据提供了可行的基本框架。

第六章　证据与信念的伦理学*

人们相信2+2=4，相信地球是圆的，相信所有的人都会死，这些心理状态被称为信念（belief）。用当代分析哲学的术语来说，信念是一种命题态度（propositional attitude），即对于某个命题而言，认知主体认为该命题为真，而有别于怀疑、忧虑、盼望等其他类型的态度。

在现实生活中，影响人们形成和持有各种信念的因素有很多。证据主义（Evidentialism）主张人们关于某个命题的信念只应当建立在相关证据的基础之上。胡适曾说："有一分证据，只可说一分话。有七分证据，只可说七分话，不可说八分话，更不可说十分话。"（马蹄疾，1991）这种看法可以说鲜明地代表了证据主义的基本立场。19世纪的英国数学家和哲学家威廉·克利福德（William Clifford，1999）在《信念的伦理学》一文中，曾提出了这样一条著名的原则："无论何时，无论何地，任何人在不充分证据的基础上相信任何事情，都是错误的。"并主张这应当成为人们规范其信念的道德要求和伦理准则。针对克利福德的主张和论证，美国哲学家和心理学家威廉·詹姆斯（William James，1997）发表了题为"相信的意志"的演讲，提出证据并非也不应当成为人们形成信念和判断的唯一准绳，在探寻真理的过程中，一些非证据因素也同样至关重要，不可或缺。

发生在克利福德与詹姆斯之间的这场论战在认识论领域具有重要的

* 本章的一个缩略版本发表在《哲学研究》2014年第4期。笔者是第一作者，第二作者是恩师朱菁教授。

意义和深远的影响，所引发的关于许多议题的讨论一直延续至今。本章将在证据主义的视域下重新审视这场论战。第一节重访克利福德的经典论文并讨论证据主义关于信念的伦理学，第二节介绍詹姆斯的非证据主义并辨析其中的一些值得珍视的洞见，第三节则从一种广义的证据主义立场出发解读詹姆斯的观点和论证，并讨论对于信念的伦理学而言所具有的重要意蕴。

第一节　克利福德的故事

在《信念的伦理学》一文中，克利福德首先讲述了一位船主的故事：

> 一位船主有一艘船即将开始一次远洋航行，运送一批新移民去大洋彼岸。他知道自己这艘船已久经风浪，而且在造船之初就曾偷工减料，经常需要维修。他非常怀疑它是否能完成这次航行。这些疑虑不断地在他的脑海萦绕，令他不得安宁。他曾想过对这艘船来一次全面的检修，但这势必导致一笔不菲的开销。在出航之前，他最终还是克服了自己的种种疑虑：这艘船以前都能顺顺当当地完成航行，想必这次也不会例外。就这样，他真真切切地相信了自己的船能够顺利完成此次航行。他以一种轻松的心情看着自己的船出海，并祝愿船上那些漂洋过海的人们能够在新大陆获得成功。不幸的是，这一次轮船在航行中失事，船员和乘客无一生还。（Clifford，1999）

围绕这个故事，克利福德进行了一系列细致而缜密的分析。

船主有过错吗？他当然有过错。即使他不是心怀侥幸，而是真真切切地相信他的船足够结实能够顺利完成远航，他还是有错的。正是因为他的错误信念，导致船上的百余人丧生，而这本是可以避免的。

那么船主到底错在哪里呢？如果这艘船确实不够结实，但是运气不错，一路风平浪静，最终顺利完成了航行，那么船主还有过错吗？当然，他还是有过错的，只是这个错误被掩盖，没有被发现而已。结局的不同并没有改变他犯错的事实。

如果这艘船实际上确实足够结实，顺利完成了这一次以及之后的多次航行，船主的信念是真的，那么他是否还有过错呢？他还是有错的。尽管最后我们发现他的信念是真的，但是他的信念是怎么得来的呢？他为什么会相信他的船是足够结实的呢？他靠的不是广泛地听取船员的可贵意见，靠的不是全面的检查，而是靠着压制自己的疑虑，靠着把种种不利证据抛诸脑后。我们能因为他的信念侥幸是真的，就认为这么做是对的吗？以后还能这么做、应该这么做吗？在这里，我们看到，对与错的关键不在于信念的内容具体是什么，不在于信念到底是真是假，而在于信念到底是怎么得来的、在于信念是不是基于证据。

船是不是结实，能不能胜任远航，这个问题太过重要，涉及上百条人命。那么如果不是这么重要的信念，而只是一个无关紧要的信念，其真假无关大局，船主是否还有错呢？假如不是船主，而是一位旁观者，他也相信这艘船能够顺利完成远航，那么他有没有错？他好像也没有什么错，因为船主才是有可能决定整船人命运的人；不管旁观者相信什么，都不会对最终的结果产生什么影响。事情真的是这样的吗？克利福德认为，不管是多么不重要的信念，也不管是谁的信念，它总是有可能会对人们的行动产生影响。即使现在没有影响，也可能留到将来会产生影响。更值得警惕的是，一旦我们形成轻信的品格，养成罔顾证据的习惯，在面对真正重要的问题上我们也会犯同样的错误。

通过对上面各种可能情况的细致辨析，克利福德提出了信念所特有的伦理学，即信念的伦理学。伦理学面对的一个重要问题：我们应该怎么做？在认知领域，我们也会面对同样的问题：我们应该怎样形成信念？这就是信念的伦理学所要回答的基本问题。克利福德认为，信念的伦理学所要考察的对象不是信念的内容，也不是信念所造成的后果，而是信念是怎么得来的。只要船主压制合理的疑虑，把证据抛诸脑后，不管他由此得到的信念是真是假，也不管最终造成的后果如何，他都是有过错的。这种对信念形成的证据性要求不仅仅适用于船主，对任何人同样是适用的。一个目不识丁的家庭主妇，也有可能把缺乏证据的迷信和谣言传播给她的子女或亲属，进而贻害社会。由此，克利福德提出了一条著名的原则：

> 无论何时，无论何地，任何人在不充分证据的基础上相信任何事情，都是错误的！（Clifford，1999）

也就是说，我们只能去相信那些得到充分证据支持的命题。

第二节　克利福德的论证

下文将重构克利福德的后续论证，以期读者有更好的理解。为方便起见，分别将之命名为后果论证、知识论证与品性论证。①

一　后果论证

在这里，我们可以从信念的本质谈起。对于什么是信念，有两种基本理解：一是表征主义，二是倾向主义。（Schwitzgebel，2022）按照表征主义，如果我们相信某个命题，那么这个命题的内容就被真正存储在心智之中。一旦有需要，比如说推理，就会调用。如果你想要喝一罐冰可乐，你就会调用信念的表征内容“冰箱里有冰可乐”，然后朝冰箱走去，开冰箱，拿出冰可乐。倾向主义为信念的本质给出了另一套说法。你相信某个命题，它意味着你会按照该命题行事，它的内容可能被表征，也可能没有。你相信“冰箱里有冰可乐”可以等价为这一系列倾

① 克利福德的论证着眼点在于信念与信念、信念与行动、个人知识与社会知识。

向行动：

(1) 如果你被问起"冰箱里有没有冰可乐"，你会倾向回答，是的；

(2) 如果你想喝冰可乐，你会倾向朝冰箱走去；

(3) 如果你打开冰箱，里面没有冰可乐，你会倾向感觉惊讶。

……

在上面的考察中不难发现，信念总是与各种行动紧密联系在一起。简单来说就是，信念能引导我们行动。在表征主义那里，信念是一幅地图，引导我们走向目的地。在倾向主义那里，信念就是行动的倾向。在克利福德看来，信念总是会影响行动。不管多么微不足道的信念，一旦时机成熟，也还是会影响人们的行动。这样一来，如果你相信的东西是错的，那就不得不为此买单。同时，我们还须牢记，如果我们不根据证据去形成信念，不在充分证据的基础上去相信，那么就很可能会形成错误的信念。

后果论证

P1. 如果某人在不充分证据基础上相信了某命题，那么该命题就可能是假的；

P2. 信念要么直接引导行动，要么隐藏起来，等待时机成熟，再去引导行动；

P3. 根据假信念去行动，总是会带来损失。

C. 不论何时，不论何地，任何人在不充分证据的基础上相信任何事情，都是错误的！

克利福德的担心不是多余的，不管多么玄远的信念，都会对人世造成影响，这种影响有时甚至是不可思议的。毕达哥拉斯深信任何数都能够用整数（或分数）表示，不相信无理数的存在。希伯斯发现了无理数，并用几何方法证明了$\sqrt{2}$没法用整数表示。结果他被扔到海里淹死了。

但是，这个论证并不是没有问题，而是困难重重。以论证的前提1为例，诚然，不充分的证据没法确保信念是真的。但是，如果一个有60%几率为真的信念呢？这时候是不是应该去相信呢？克利福德似乎只是考虑了错误信念带来的危害，没有考虑正确信念带来的好处。这也是后面詹姆斯反对的一个要点。

另一个困难是前提3。显然，不是所有错误的信念都会带来坏的结果。假信念带来好结果的情况其实相当普遍。我相信儿子非常可爱，相信他将来会有一番成就。也许我是错的，但是它带来的结果可能是好的，至少能让我开心三十年。并且，设想一下它是真的，那我相当于多开心了三十年。基于这些考量，这个论证是否能够导出这么强的证据主义结论——不管何时，不管何地，不管任何人——这是很可疑的。正所谓“超凡的主张，需要有超凡的证据”（Extraordinary claims require extraordinary evidence），证据主义本身似乎缺少了它对应强度的论证。或许，克利福德的所有论证组合起来能够为结论提供充分的辩护。后果论证是其中必不可少的一环。

二　知识论证

这个论证的着眼点不是信念与行动，而是信念与信念之间的关联。我们的信念不是一个一个孤零零的存在，而是一整个融贯的整体。它们之间是相互支持的关系。这里无须承诺一种融贯论的辩护观，即使是辩护的基础论者，也会认为基础信念可以支持非基础信念。这里的差别只是在于这种支持关系的方向。融贯论者会认为，这种支持关系是复杂而交互的，比如说A支持B，B支持C，C支持D，B、C、D一起又支持了A等。基础论者则认为，这种支持关系是单向的。也就是说，不管怎样，信念之间的支持关系是普遍存在的。

这样一来，如果我们相信了p，就会在p的基础上，或者在p和另外一些信念的基础上去相信q。以此类推，还会在q的基础上去相信另外的信念r，等等。如果我们的某个信念是错的，那么在其基础上的所有信念，就算不是错的，也都会是成问题的。正所谓，千里之堤溃于蚁穴，一个有意思的例子来自数学。数学家们着迷于黎曼猜想，他们已经清楚，如果黎曼猜想是对的，那么有上百个定理也会是真的。也就是说，黎曼猜想蕴含了数百个数学定理。但是，至今还没有黎曼猜想的证明。一日没有证明，那么这些潜在的数学定理就一日不得进入人类的知识宝库。数学家非常好地维护着数学知识的宝库。

知识论证

P1. 我们应该要维护、完善自己的知识宝库；

P2. 不论何时，不论何地，任何人在不充分证据的基础上相信任何事情，都会污染自己的知识宝库。

C. 不论何时，不论何地，任何人在不充分证据的基础上相信任何事情，都是错误的！

上面的知识论证主要的着眼点是个人的信念、知识。然而，人类是群居社会动物。人们共享一个巨大的知识宝库。没有一个人能完全明白怎么制造一台笔记本电脑、一架飞机、一条高铁线路等，甚至很少有人能够从头到尾，完全明白怎么制作一支笔。但是，看看我们四周。人类的知识并不限于个人，它们是分散在人群中存在的。并且，这个知识宝库也不是我们一代人的，还是属于未来人类的，它会一代一代传下去。这一点很像人类的基因库，我们有责任去维护、完善这个知识宝库。在不充分证据基础上去相信任何东西，都会污染这个人类知识宝库。

扩展的知识论证

P1. 我们应该维护、完善人类的知识宝库；

P2. 不论何时，不论何地，任何人在不充分证据的基础上相信任何事情，都会污染人类的知识宝库。

C. 不论何时，不论何地，任何人在不充分证据的基础上相信任何事情，都是错误的!

这个论证有一些说服力，但也有缺陷，它似乎隐含了一种类似基础主义的辩护观，尽管它与融贯论是更相近的。看一看我们的各门学科，就会发现这个论证的不恰当之处。克利福德是个有成就的数学家，数学也许是他在考虑这个论证时所设想的原型。除非 X 得到了证明，否则就不能说 X 是真的。从欧几里得的基本公理，能够得出所有的几何定理。但是，如果我们把眼光转移到其他知识学科，比如说物理学、生物学，情况很不相同。在这些学科中，科学家秉持的是一种无惧犯错的精神，他们犯过很多错误，把很多假信念当成真理。但是，这不妨碍他们去相信。他们并没有数学家那么谨慎，也不能那么谨慎。他们相信，如果发现有错，那就改正，这没什么大不了的。如果没有证明就不去相信，那么物理学家、生物学家或许什么都干不了了。并且，数学或许是知识学科的特例，物理学、生物学这种情况才是普遍情况。

三　品性论证

品性是衡量一个人的重要指标。有些人懒惰，有些人勤快；有些人大方，有些人小气；等等。这些都是道德品性。其实，在道德品性之外，还有一类重要品性，即认知品性（epistemic/cognitive character）。有些人非常好奇，天上地下，没有他不感兴趣的内容；有些人却缺乏这样的好奇心，满足于自己的一亩三分地；有些人相当谦逊，能够恰如其分地明白自己的知识境况；（王聚，2019）有些人却很自负，自以为天上地下，无所不知，其实不然；有些人审慎客观，能够根据已有证据得出恰当的结论；有些人却常常草率地得出各种结论。现代生活中，这样的人很多，只看新闻标题对他们来说就足够了。

在克利福德看来，如果某人在不充分证据基础上相信了一个无关紧要的命题，看起来不会有什么坏处，但也还是会影响到他的认知品性。他可能会渐渐养成不审慎、不依证据“行事”的风格。最终，在真正重要的事情上也会如此。并且，这些认知恶习（epistemic vice）就像是病毒，它会传染；首先是你身边亲近的人，你的孩子会模仿你，你的成年亲人也会受到潜移默化的影响，然后是距离你更远的人。

品性论证

P1. 任何人都应该形成并维护良好的认知品性；

P2. 不论何时，不论何地，任何人在不充分证据的基础上相信任何事情，都会破坏良好的认知品性。

C. 不论何时，不论何地，任何人在不充分证据的基础上相信任何事情，都是错误的！

克利福德的教诲与中国古典哲人有异曲同工之处，“勿以善小而不为，勿以恶小而为之”，克利福德的品性论证较少受到当代认识论学者的关注，这或许是一个遗憾。它可以将证据主义与美德认识论（Virtue Epistemology）连接起来，多数哲学家都承认，理智美德（或认知美德）与证据之间存在千丝万缕的联系，但始终没有一个明晰的立场。（Baehr，2009）克利福德的品性论证或许是一个值得尝试的突破口。

品性论证的关键概念就是品性（Character/Trait），这也使得它需要回应所谓的情境主义挑战（The Challenge of Situationism）。这个挑战最早是针对美德伦理学，约翰·多里斯（John Doris）和吉尔伯特·哈曼（Gilbert Harman）提出，绝大多数人其实都没有美德伦理学所设想的品性。无论是在行为、思想，还是在感觉和决策（deliberation）中，人们都特别容易受到一些微不足道的、不相关的情境要素影响。比如说，情绪提升因素、情绪压抑因素、环境声音、环境气味、社交距离暗示，甚至天气等。用美德来解释人类行为，无异于缘木求鱼（徐向东、陈玮，

2019）。马克·阿尔法诺（Mark Alfano，2012）将这种挑战延伸到美德认识论里来。绝大多数人们在认知活动上的差别，也可以用各种环境要素来解释，并没有什么跨周期、跨领域的理智品性。情境主义是对是错，笔者并没有足够的判断能力。但是，这种想法确实抓住了认知生活的某些重要现象。许多专家学者在自己的专业领域内表现得非常出色，可以说是良好品性的典范。但是，一旦跨出自己的专业领域，进入另一个领域，情况就是一团糟（Ballantyne，2019）。如果品性这个概念是可疑的，或者它并不是跨领域的，也不是贯穿始终的，那么在一些无足轻重的小事上，我们是不是可以随意一点呢？

第三节　克利福德的当代诠释

克利福德所提出的正是证据主义的基本主张。当代证据主义的主要代表人物理查德·费德曼（Richard Feldman）为证据主义给出了如下的基本表述：

> 任何人 S，在任意时刻 t，对任意命题 p，如果 S 在 t 时刻对 p 持有某种认识论态度，那么这种态度应该符合 S 在 t 时刻所拥有的关于 p 的证据。（Conee & Feldman，2004：178）

根据这一原则，我们应该对命题 p 采取什么样的认识论态度，完全由我们当前所拥有的关于 p 的证据来决定。具体来说就是，我们应该在有足够证据支持的时候相信 p，有足够证据反对的时候不相信 p，而在证据平衡的时候暂停判断。当然，通常我们对证据还有强度上的要求。例如，如果支持 p 的证据太微弱，那么暂停判断而不是相信 p 就是更为合适的态度。还有一部分哲学家（例如前面提到的胡适）会认为，相信不仅是一个是或否的问题，还有程度上的差别，置信度（degree of belief）应该与证据的强度成正比。需要指出的是，这里所谈论的证据指的都是在所有证据全盘考虑的情况下而言的，而不是个别证据所提供的支持或反对。①

什么是证据？我们可以从两个彼此联系但又相互区别的方面来尝试回答这个问题。

（1）证据与真的关系。很多情况下一个命题的真假并不是像"2+2=4"那么明显，例如"转基因食品对人体无害"，这个命题的真假就不是一目了然的。这个时候，我们就需要通过收集和研判证据去探究命题到底是真是假，证据是我们认识世界真实面貌的必由之路。卡尔纳普对证据与真之间的这种关系进行了如下刻画：

e 是 h 的证据，当且仅当，e 使得 h 更可能为真。

用条件概率的形式加以表述就是：

e 是 h 的证据，当且仅当，$P(h/e) > P(h)$。（Carnap，1962：49-52）

证据与真之间的这种关系也是证据主义得以成立的重要依据。布兰德·布兰沙德（Brand Blanshard）对此做出了这样的阐释："如果有什么规则的话，那就是相信真的，不相信假的。……但是困难在于我们经常不知道，甚至没法知道孰真孰假。怎么办呢？最好的办法就是不多不少地去相信证据所保证的。"（Blanshard，1974：410）也就是说，完全根据证据去形成信念，这是获得真信念、避免假信念的最佳途径。

（2）证据与辩护的关系。认识论辩护就是要求对于是否相信一个命题给出认识论理由。证据主义者主张，认识论理由就是证据，这两者是一回事。正如金在权（Jaegwon Kim，1988）所指出的："在任何时候

① 在中文文献里，讨论费德曼与科尼证据主义之优缺点可以参考胡星铭《评 Conee 和 Feldman 的证据主义》，《逻辑学动态与评论》2022 年第 1 期，第 94—117 页。

证据和辩护这两个概念是不可分离的。当我们在认识论意义上谈论证据的时候，我们谈的也就是辩护。”这是证据主义得以成立的另一个重要理由。我们希望获得合理的信念，避免不合理的信念。而合理的信念就是能够得到认识论辩护，也就是得到证据支持的信念。当然，这种信念并不能确保为真，甚至在某些情况下，（不充足的）证据会误导我们。但是错误的信念不等于不合理的信念，只要信念与现有的证据相符合，即使它有可能是错的，也是合理的。

证据通常包括我们的各种经验感知，例如我感觉到天气转凉是气温下降的证据。除此之外，证据还包括我们已有的得到充分证成的命题知识，例如“2 + 2 = 4”“地球是圆的”等；而各种意识形态、社会传统、流行观念可能带来的影响，以及我们对命题所持有的情感态度如忧虑、希望等，这些都不是证据，它们和命题本身的真假无关，没法使得命题更可能为真，也不能充当认识论理由。

当代证据主义继承和发展了克利福德思想中对信念形成的证据性要求，明确提出我们应该完全根据现有证据去形成信念，排除各种非证据因素的干扰，这在当代成为信念的伦理学的主流立场。

第四节　詹姆斯论相信的意志

克利福德的文章面世后，引起了人们广泛而长久的兴趣，同时代人包括生物学家托马斯·赫胥黎（Thomas Huxley）、作家莱斯利·斯蒂芬（Leslie Stephen）、神学家威廉·瓦德（William Ward）等都对此发表了自己的意见（Madigan，2010：85 – 96）。其中最有影响力的批评是由威廉·詹姆斯在 1896 年的演讲《相信的意志》中给出的。与克利福德针锋相对，他提出我们相信什么不相信什么实际上并不总是取决于证据，也不应该如此。“仅凭逻辑和理智不足以迫使我们相信，我们仍然拥有相信与否的权利。”（James，1997）尽管詹姆斯的首要目的是为宗教信仰的权利作认识论辩护，但是如果他对克利福德的批评是成立的，那么在宗教之外的其他领域，包括科学研究和日常生活，我们也同样拥有相信的权利。我们应该在更为一般的认识论意义上来理解这场争论，而不仅仅局限于宗教哲学。我们可以很方便地将詹姆斯上帝存在的信念替换为其他信念，比如说相信明天会更好，相信人生是有意义的，相信人类有自由意志，等等。

下面将首先讨论帕斯卡的赌博论证、爱情论证，以表明詹姆斯论证的精妙所在。

一 帕斯卡的赌博论证

詹姆斯首先考察了帕斯卡的赌博论证。这个论证是帕斯卡在其著作《思想录》第三编“必须打赌”里面提出来的：

> “上帝存在，或者是不存在。”然而，我们将倾向哪一边呢？在这上面，理智是不能决定什么的；有一种无限的混沌把我们隔离开了。这里进行的是一场赌博，在那无限距离的极端，正负是要见分晓的。你要赌什么呢？根据理智，你就既不能得出其一，也不能得出另一；根据理智，你就不能辩护双方中的任何一方。
>
> 因此，就不要谴责那些已经做出了一项抉择的人们的谬误吧！因为你也是一无所知。——“不；我要谴责他们的，并不是已经做出了这项抉择，而是做出了一项抉择；因为无论赌这一边还是另一边的人都属同样的错误，他们双方都是错误的：正确的是根本不赌”。
>
> ——是的；然而不得不赌；这一点并不是自愿的，你已经上了船。然则，你将选择哪一方呢？让我们看看吧。既然非抉择不可，就让我们来看什么对你的利害关系最小。你有两样东西可输：即真与善；有两件东西可赌：即你的理智和你的意志，你的知识和你的福祉；而你的天性又有两样东西要躲避：即错误与悲惨。既然非抉择不可，所以抉择一方而非另一方也就不会更有损于你的理智。这

是已成定局的一点。

然而你的福祉呢？让我们权衡一下赌上帝存在这一方面的得失吧。让我们估价这两种情况：假如你赢了，你就赢得了一切；假如你输了，你却一无所失。因此，你就不必迟疑去赌上帝存在吧……（帕斯卡尔，1997：110－111）

在这里，我们将帕斯卡的论证做必要的简化，以便理解。在帕斯卡看来，有一些问题是没法用理智决定的。换句话说，在这些问题上，我们没有什么证据，或者正反证据基本平衡。在这种情况下，考虑是否要选择某信念，就不得不考虑其得失。上帝存在或不存在，我们相信上帝存在或不相信，一共有四种可能。假设上帝存在，如果我们相信上帝存在，那么就能够升入天堂；反之，如果我们不相信上帝存在，那么就会堕入地狱。假设上帝不存在，如果我们相信上帝存在，那么得失都是有限的，你每个礼拜都得去教堂、会失去无神论朋友等；如果我们不相信上帝存在，那么得失也是有限的，考虑到无限的损失和无限的福祉、有限的内容都是不值一提的。因此，权衡考量，相信上帝存在是合情合理的；不相信上帝存在是不智的。

表6－1

	相信上帝存在	不相信上帝存在
上帝存在	＋∞（升入天堂）	－∞（堕入地狱）
上帝不存在	有限的得失	有限的得失

帕斯卡论证的核心在于，是否要选择相信 p，这取决于相信 p 可能带来的实践后果（Practical Consequence）。如果相信 p 是划算的，那么就应该相信 p。

哲学家们对于帕斯卡论证一直有浓厚的兴趣，也提出了不少批评。比如说多神批评，帕斯卡的论证其实可以用在各种神之上，而不仅限于基督教的上帝。本书不打算完全展开这些批评，只是简单讲一讲它的最大难题。

如果笔者相信这本书有非常大的价值，是对学术界的重大贡献，那么笔者的心情会变得非常愉悦，人生也会因此幸福得多。但是，对此笔者无能为力。笔者没法自欺欺人，这本书或许有些价值，但也许谈不上那么重要，到底会有什么样的影响也是未知之数。更一般地，如果我们相信工作有价值，人生有意义，相信明天会更好，相信好人会有好报等，那么我们的生活显然会变得更好。但是，我们能因为意识到这一点，而真的获得相应的信念吗？好像不行。信念似乎是自然而然产生、形成的，而不是在我们控制之内的。这个困难可以被哲学家们称为动力缺失。简而言之，我们没法因为相信 p 是划算的，就因此相信 p。有部分哲学家认为这个困难是根本的，来自信念的概念本身；更多的哲学家则认为这个缺陷是偶然的，来自人类的心智构造。有兴趣的读者可以参考笔者发表在《哲学评论》集刊上的论文《捍卫认知自由》（舒卓，2022），里面会有更完整的讨论，这里暂且略过。

二　爱情论证

这个论证来自詹姆斯《相信的意志》的Ⅸ部分，在笔者看来，它并不是詹姆斯最好的论证，有不少缺陷，但仍有不少值得讨论的地方。

在詹姆斯看来，有些信念具有这样的特性：如果你不先去相信，那么就没法获得相关的证据，并且该信念也会因此不能成真。在这种情况下，要求有充分证据才能相信是不合理的。

> 有时，信念能够帮助创造事实。在此情形下，将信念先于证据视作“思维中的道德败坏”是一种非常荒谬的逻辑。（James，1997）

以爱情为例，设想你们都有点害羞。如果不是事先确认对方对自己确有好感，那就不敢迈出第一步。如果坚持克利福德原则，没有充分证据就不去相信，那么你们之间的美好爱情永远不会发生；反之，如果你先相信对方对你有好感，并因此迈出第一步，主动向对方示好，那么结果也许就会不一样。可将之命名为爱情论证，也有学者将其称为友情论证，其内涵基本是一致的。(Aikin，2008)

> 你是否喜欢我，取决于我是否主动迈出这一步：愿意假定你喜欢我，以及向你展现出信任和期待。在这种情况下，我相信“你喜欢我”就是你喜欢我的原因。但是，如果我保持冷漠，除非有客观证据，否则不敢越雷池半步……十有八九你的爱情（或友情）永远不会出现。对某些特定真相的渴望在这里促成了那个真相的实现……（James，1997）

我们可以将詹姆斯心目中的这类信念分成以下情形：

> 1. 如果你相信 p，那么 p 就会是真的，或者更可能变成真的；
> 2. 如果你不相信 p，那么 p 就会是假的，或者更可能变成假的。

学者将这类信念称为自我实现的信念（self-fulfilling belief）。按照这个逻辑，你得先相信上帝，才会发现上帝存在的证据；你得先相信世界是美好的，才会发现世界是美好的证据。因此，有些信念，即使没有证据，或者很少证据，你也应该去相信。这种想法可以理解成是“信则有，不信则无”。当然，这类信念并不局限在个人层面，完全可以扩展至多人，乃至整个社会。这在股市上表现得特别明显，如果大家都相信某只股票会涨，买家就会纷纷出手购买，卖家也会纷纷调高价格，股价也就真的会涨起来。如果大家都相信股价会跌，买家就不会出手购买，卖家也会不断调低价格，那么股价也就真的会跌下去。

这个论证有什么不恰当的地方呢？在这里，借用一个区分来说明。存在两种截然不同的思维模式：一种被称为律师式思维，这种思维的主要特点是先有结论再找证据；另一种是科学家式思维，先有证据再下结论。(注意：笔者并不是指所有律师都是律师式思维，所有科学家都是科学家思维，这只是两种思维方式。) 在认识论意义上，律师式思维是不恰当的。先有结论，再找证据的做法违背了基本的认识论原则。并且，信念以追寻真相为己任，而不是去改变真相。在爱情论证里，相关命题的真假其实是有变化的。一开始，对方对你并无好感，只是在你先相信了这一点并付诸行动后，对方才开始对你有了好感。当然，律师式思维方式是不是真的总是不对的，仍是有争议的，这里就暂且不表了。

另两类情形或许也值得讨论：

> 3. 如果你相信 p，那么就可以获得 p 的相关证据；
> 4. 如果你不相信 p，那么就没法获得 p 的相关证据。

某些命题是根本性的，或者是基础性的，一旦你相信了它，那么你的观察方式就会发生根本性的变化。以至于许多以前“不可见”的内容一下子变得“清晰可见”。托马斯·库恩（Thomas Kuhn）在《科学革命的结构》里用了很大篇幅讨论这种情形，不过在他那里，并不是单个信念 p，而是一个范式（paradigm），后者有时可以理解成是一簇信念的集合。

> 普利斯特利眼中的脱燃素空气，在拉瓦锡眼中却成了氧气，而其他人却什么也看不到……至少，氧气的发现使拉瓦锡以不同的方式去看自然。(库恩，2022：174)

库恩似乎在说，除非你相信燃素说，否则你就看不到脱燃素空气（燃素说的重要证据）；除非你相信氧化燃烧学说，否则你就看不到氧气（氧化燃烧学说的重要证据）。有不少宗教也采取类似的说辞，除非你先全身心地投入，先相信，否则你就不会获得相关证据，也就不会相信。这里面有不少有趣的内容，是知识论与科学哲学的交汇之处。

下面将介绍詹姆斯论证的真正精华内容。

三　詹姆斯的核心论证

詹姆斯并不否认，日常生活中相当多的情况下，我们的确应该遵守克利福德原则，完全根据证据去形成信念。但他同时指出，在面对“真正的选择”时，我们不见得必须恪守克利福德的原则，这种坚持并不恰当，有时甚至是荒谬的。

什么是真正的选择呢？詹姆斯给出了如下三个条件：

（1）真正的选择必须是活生生的（living），而不是已死的（dead），可供选择的所有选项对于主体而言都是有可能选择的。例如，相信辩证唯物主义，还是相信唯心主义？这个选择对多数中国人而言，都是“（已）死的”，从小接受的教育使得我们没法选择后者。相信有外星人，还是不相信有外星人？这个选择对笔者而言就是活生生的，笔者可以选择前者，也可以选择后者。需要明确的是，选择的生死都是对应特定的人的，一个选择对于你来说是已死的，对于我来说却可能是活生生的。

（2）真正的选择必须是受迫的（forced）或不可避免的（unavoidable），必须在赞成与反对二者之间做出选择，而不能予以搁置或置之不理。今天下午我是去听讲座，还是留在宿舍打游戏？这个选择就是可以避免的，我还可以出去逛街。这辈子要么结婚，要么不结婚。这个选择就是受迫的、避无可避的。

（3）真正的选择必须是重要的（momentous），而不是琐碎的（trivial），这样的选择会对我们的生活产生重大影响，时不我待，机不可失，失不再来。选择相信这间教室有 30 平方米，还是相信这间教室有 32 平方米，这个选择就没那么重要。选择相信人生是有意义的，还是相信人生是没有意义的，这个选择就是非常重要的。

詹姆斯认为在探寻真相、追求真理的过程中，我们时常会面临

“真正的选择”。以“大语言模型人工智能真的能够理解语言吗?”这个问题为例，这个问题对我们来说很重要，它肯定会影响人类未来的命运。而且，关于这个问题并不存在压倒性证据，我们可以选择相信也可以不相信，这个选择是活生生的。但是，这个选择似乎是可以避免的，因为除了相信或不相信之外，我们还可以暂停判断，将问题搁置。詹姆斯对此进行了批驳，他认为在探索过程中，我们面临的其实是这样一个不可避免的选择——要么接受真理，要么远离它（Either accept the truth or go without it）。詹姆斯认为暂停判断并不是没有做出选择，“不做决定，留待以后再说，这本身就是一个带有感情的决定（passion decision）——如同选择是或否——同样有着错失真理的风险”（James，1997）。也就是说，暂停判断并不是免于认识论风险的，它和不相信一样，都有可能使我们远离真理。

为什么面对“真正的选择”，我们可以不遵守克利福德原则呢？我们的认识论目标是获得真理，避免错误。按詹姆斯的说法就是：“我们必须获得真理；而且我们必须避免错误——这就是我们作为认知者的第一诫命；但它们并不是同一命令的两种说法，而是两个可以分离的规则。”（James，1997）获得真理与避免错误，认识论目标的这两个方面都是不可或缺的，极端的情况只去满足前者或者后者，而这都是不可取的。不顾逻辑法则相信所有命题，这满足了目标的前半部分；而拒不相信任何命题，把接受的门槛抬到高不可攀，这就满足了目标的后半部分。很显然，这两种做法都是荒谬的，也是在我们的认知能力之外的。我们无法公然地违背逻辑法则，也做不到不相信任何命题。我们需要在目标的两个方面保持平衡，不可偏废。相应地，我们就有以下两种策略：

策略Ⅰ：把避免错误放在首位，获得真理放在第二位。

策略Ⅱ：把获得真理放在首位，避免错误放在第二位。

按照策略Ⅰ，我们对命题的默认态度就是暂停判断，除非有压倒性的证据表明命题是真的或假的，我们才去相信或不相信。这样做就可以把那些模棱两可、似真非假的命题通通排除出去，我们犯错的可能性就会变得非常小，但这同时也会使得我们错失很多可贵的真理。尽管它们暂时没有决定性证据的支持，却的的确确是真的。

按照策略Ⅱ，我们对命题的默认态度就是相信。对于那些看起来像真的，但是暂时缺乏决定性证据的命题，我们就应该相信它。这样我们获得的真理就会比采取策略Ⅰ获得的要多很多。当然，这也使得我们更容易犯错，相信很多似是而非的命题。

我们究竟应该采取哪种策略呢？我们看到，克利福德原则其实等同于主张任何人无论何时何地都应该采取策略Ⅰ，没有充足证据就不去相信。詹姆斯对此进行了激烈的反驳，他认为我们应该采取哪种策略，这不是一个能够先天地得到回答的问题，必须结合具体的实际情况。而且，面对“真正的选择”，采取策略Ⅰ并不明智。“真正的选择”就其本性而言，并不存在压倒性证据，没有办法仅凭逻辑和理智做出决定。如果按照克利福德原则，采取策略Ⅰ，这个时候我们就应该暂停判断，等到证据充分再做决定。面对普通的选择，这么做也许没有错，但是面对重要的“真正的选择”，这么做是“非常荒唐的（thoroughly fantastic），这意味着永远保持我们的头脑暂停判断，以免犯错”。（James，1997）暂停判断并不是免于认识论风险的，它会使得我们丧失获得真理的机会。在詹姆斯看来，这种撤退完全无法扩展知识的疆域，“就像一个将军命令他的士兵永远远离战场以免受伤”（James，1997）。以克利福德为代表的证据主义者选择的其实是一套管理认识论风险的办法，这没有错，但若同时认为这套办法应该无条件地在任何时间、任何地点都得到遵守，那就导向荒谬了。

那么，我们采取哪种策略到底是受什么因素支配呢？克利福德主张，当我们在做认识论慎思（doxastic deliberation），也就是决定去相信什么不相信什么的时候，应该完全排除激情（passion）等非证据因素的影响，激情参与认识论慎思只会带来偏见和非理性。詹姆斯对此不以为然，他认为我们在做“真正的选择”时，别的情感或许可以排除，但是对真理的渴望和对错误的恐惧这两种情感总是如影随形，无法排除，而且也不应该排除。究竟采取哪种策略，怎样在认识论目标的两个方面取得平衡，这归根结底反映的是我们的激情本性（passion nature）。克利福德之所以采取策略Ⅰ，正是出于对错误的恐惧，而不是他自以为地排除了所有情感影响的结果。对詹姆斯来说，对真理的渴望要远远超过对错误的恐惧，“犯错的风险与真理的祝福相比不值一提”。（James，1997）因此，他理所当然地选择策略Ⅱ，冒着犯错的风险去勇敢地追求真理。

詹姆斯认为，在追求真理的认知探索中，存在两种彼此对立的立场，即绝对主义与经验主义。绝对主义者以笛卡尔为代表，追求确定的、不可错的知识，他们希望从绝对正确的原则或基础出发，然后只凭逻辑和理智，得到新的确定的知识。这样一来，一旦我们获得了知识，也就永久地获得了知识，它们都是不可错的（infallible）。与此相反，经验主义者主张，我们现有的知识是可错的（fallible）。科学发展的历史告诉我们，很多原来认为是真的理论被后来的经验证据表明其实是错误的，这种情况屡见不鲜。在探索过程中，我们应该勇敢地去拥抱可错的知识，而不是奢望确定的、不可错的知识从天而降。正如詹姆斯自承的：“客观的证据和绝对的确信毫无疑问是非常完美的，但是这个梦想中的星球到底在哪呢？……我本人，对于人类知识，完完全全是一个经验主义者。”（James，1997）

第五节　走向广义证据主义

克利福德严苛的证据主义立场受到了许多批评，其中最突出的问题是：如果完全遵守克利福德原则，那就势必抛弃许多已有的信念，因为人们很大一部分信念其实并不都是建立在完全充分证据的基础之上，例如相信“我的父亲是个好人”。人们持有的这类信念数不胜数，它们大多在证据上并不完备，但人们并不因此而采取搁置判断的态度，除非有很强证据表明它们是错的，否则就应该予以保留。

另一方面，詹姆斯主张，在面对会对我们生活产生重大影响的“真正的选择”时，我们有基于不充分证据而去相信的权利。詹姆斯对证据主义的这种批评赢得了相当程度的认同，尤其是有神论者，他们认为詹姆斯对克利福德的批评为信仰留下了宝贵的空间。但也并不是所有人都赞同詹姆斯，理查德·费德曼坚持证据主义立场，他认为在回答“我们应当怎样形成信念”这个问题时，这里的“应当”指的是纯粹的认识论的应当（epistemic ought），而不是实践的或精明审慎的应当（practical/prudential ought），也不是道德的应当（moral ought）。也就是说，在这里我们只关心信念到底是真是假，而不关心这个信念是否重要，会导致怎样的实践上的后果，我们对所有信念理应一视同仁。（Feldman，2006）

詹姆斯对克利福德为代表古典证据主义的批评无疑是成功的，但是由此走向彻底的非证据主义则有矫正过枉之嫌。正如安德鲁·齐格内尔（Andrew Chignell）所指出的：“为严格的证据主义辩护也许是困难的，但是要为彻底抛弃证据主义辩护，那是更困难的。”（Chignell，2010）坚持证据主义的基本主张，并针对詹姆斯等非证据主义者的批评做出适当的调整，这也许才是最恰当的应对方式。下文将勾画出一个广义证据主义的方案。

我们的信念大体上可以分为以下两种：

（1）基本上已确信的，得到决定性证据支持的，不大可能被将来出现的新证据所推翻的信念。这主要包括一些数学、逻辑命题，以及正常条件下来自感知觉和内省的命题，还有部分科学命题，例如水是由氢氧元素组成的。将来出现的新证据或许可以补充性地说明这些信念是真的，但是很难设想它们会被推翻。

（2）不是绝对相信的，尚没有决定性证据的支持，有可能会被将来出现的新证据所推翻或修正的信念。我们相当多的信念其实都是属于这类。随着时间的推移，我们有可能会根据得到的新证据对已有的信念进行调整，甚至彻底推翻。科学史上不乏这类例子，例如燃素、以太、卡路里流等，关于这些对象人们都曾经一度相信是存在的，但最终都被一一推翻。

从以上的区分我们可以看到，除非现在已有的证据是决定性的或接近完备的，否则，判断信念的真假就不能仅仅取决于已有的证据，还需要考虑到未来可能出现的新证据。因此，当我们在判断一个命题是真是假、要不要去相信它的时候，就不应该把将来可能出现的新证据完全排除在外。面对这种情况，我们应该扩展证据主义对于证据的理解，不仅仅局限于现有的证据，还应该延伸至将来可能出现的新证据。这样，我们就得到了下面这个广义的证据主义原则：

> 任何人S，在任意时刻t，对任意命题p，如果S在t时刻对p持有某种认识论态度，那么这种态度应该符合S在t时刻所拥有的关于p的证据，以及S对关于p的t时刻之后可能出现的新证据的合理评估。

此原则保留了证据主义的基本成分，即判断一个命题是真是假、是否合理、我们应不应该相信，这些问题归根结底都是取决于证据，但是这里的证据不仅仅是已有的证据，还包括将来可能出现的新证据。另外，这一原则也吸纳了詹姆斯对经典证据主义的合理批判，即使现有的证据尚不是压倒性的、决定性的，甚至（在一定程度上）存在反面的证据，我们也还是有相信的权利。但是这种权利不是由于这个信念本身有多重要，或是来自其他方面的实践上的考虑，或是受到情感或认知偏向的影响，而是来自对于将来可能发现新证据的合理评估。

相比于已有的证据，对未来可能发现的新证据进行合理评估，无疑是一件更为困难的任务，其中包括：（1）已有的证据在多大程度上对于相信命题p而言是完备的或决定性的，即根据已有的证据，对于p的合理的置信度应该是多少；（2）新证据对于p的置信度会造成怎样的改变；（3）发现新证据的可能性有多大。认知主体以往的经验、洞察力、直觉和性情，都有可能在相当大的程度上影响对于已有的和未来的证据进行理性评估，并引入更多的主观性。使问题变得更为复杂并不必然是一个理论或学说的天然弱点，相反却可以使得我们重视到许多以往的盲区，并为学术探讨提供更大的天地与新的活力。

广义的证据主义并不拒斥激情和情绪等非证据因素对于信念的影响与作用，而是要求激情和情绪应当是基于证据或是以寻求新的证据为导向。激情是激发和驱动人们开展包括探寻真理在内的各种实践活动的指向和动力，如同詹姆斯所指出的，求真的激情会使得人们甘愿冒着犯错的风险，克服种种困难，去探寻未知的真相。对已有的和未来新证据的评估，也有可能渗入情绪的因素，或者影响某些情绪的产生，但这些情绪要与认识论目标是相关的，则必须建立在广义证据的基础之上。

广义的证据主义有助于说明在科学探索和日常生活中一些被普遍认为符合认识论合理性的认知活动。当科学家做出重大理论创新时，例如伽利略、爱因斯坦、魏格勒等人的情况，往往面对的是不充足的证据，已有的证据甚至大多是反对新理论和新学说的，而能够为新的理论学说提供重要支持的新证据大多是在之后才被陆续发现。如果按照狭义的证据主义，我们或许只能认为这些杰出的科学家违背了认识论规范和信念的伦理学，他们当时形成的判断和信念是非理性的，源自各种非证据因素；倘若他们当初严格遵从克利福德原则，很有可能科学史上大多数的重大突破是不可能发生的。而采用广义的证据主义，这些问题则可迎刃而解：不同于他们的同时代人，他们看到了已有证据的不足之处，同时能够洞察到可能即将出现的新证据，并激情饱满地为探寻新证据和真相而勇敢尝试。

按照狭义证据主义，如果人们都能够根据已有的证据来理性地形成各自的信念，那么人们对于事物的判断就理应不会出现严重的分歧，因为人们相信的程度是正比于证据的，由证据的多少和强度唯一决定。而事实上，即便是在非常理性的人之间，在许多问题存在重大分歧与异议的情况是屡见不鲜的，这对于狭义证据主义而言是一个令人费解的现象。（Kelly，2005）而对于广义证据主义而言，这个困惑可以在很大程度上得到消解。对于同样具备理性的人而言，对于已有证据的完备性和充分性的评估可能存在分歧，对于新证据的重要性以及发现新证据的可能性，也可以有相当不一致的看法，这些都可以导致认识论意义上的异议。

不难理解，相比于狭义证据主义，广义证据主义要求一种更为厚重的信念伦理学。它坚持证据主义的基本主张，强调证据依然是人们形成认识论态度的根本依据，各种非证据因素诸如意志、激情和情绪，只有当它们是基于证据或者指向证据时，才能被纳入认识活动的合法边界。但广义证据主义要求以一种更为开放的胸襟看待证据，充分肯定人类求知探索的认知能动性，允许人类求真的激情和动机在认识论规范中占据合法地位，对智识德性的养成和运用也提出了更高的要求。

限于篇幅，本书只是初步提出了广义证据主义的基本主张，保留以克利福德原则为核心的经典证据主义为基础，吸取了詹姆斯对于经典证据主义的合理批判和许多真知灼见，为发展一种更为厚重的信念伦理学提供了丰沃的土壤。对于广义证据主义的进一步阐释和辨析，对其可能遭遇到的种种困难的回应和处理，以及对于信念伦理学以及更为广泛的认识论议题可能带来的影响进行挖掘和分析，留待日后再作细致的思量和探讨。

第七章　理由与证据：为证据主义一辩*

“人是理性的动物”，“理性是唯一使得我们成为人，而异于禽兽的东西”。先哲们的这些教诲显示了理性的重要地位——要想理解人类自身就必须理解理性。那么，什么是理性呢？按照一种常见的理解，理性可以分成两类：一类是理论理性，它是在人们做理论推理（theoretical reason），即思考应该相信什么的时候展现出来的；另一类是实践理性，它是在人们做实践推理（practical reason），即思考应该怎么做（行动）的时候展现出来的。

理由是理性的基本构成单位。无论是信念还是行动，只要它是符合理性的，那么至少得有一些支持它的好理由。按照我们对理性的划分，理由也可以分成两类，即认知理由与实践理由。认知理由在理论推理中起作用，它能够证成信念，使得我们形成并持有某个信念是合理的。那么，什么东西能够证成信念呢？按照证据主义，只有证据能够证成信念，它是唯一能够影响信念能否获得最终证成的要素。认知理由就是证据，这两者是一回事。关于证据是什么，哲学家们有不同意见（舒卓、朱菁，2018），但至少它是和信念的真假相关的，或者说是能够使得信念更可能为真的（费多益，2015）。

理论光谱的另一端是以帕斯卡、威廉·詹姆斯等为代表的实用主义者，他们坚决拒斥认知理由就是证据这种想法。在他们看来，认知理由

---

* 本章内容的一个版本发表在《自然辩证法研究》2019 年第 3 期。写作过程中，笔者曾与方红庆、虞法、张一杰等同仁交流，获益良多，特此感谢！

不见得非得是证据，它还可能是一些非认知的实用因素（pragmatic factor），例如信念的真假对认知者有多重要，相信它可能会带来什么样的好处，误信一个假命题会带来什么样的后果等。

证据主义与实用主义的争论经久不息，它对我们理解理性，乃至人类自身都具有非凡的重要意义。本章回顾了这场争论，并为证据主义提供了一个强有力的论证，最终的结论是认知理由不能是实用因素。文章的结构大致如下：第一节介绍实用主义对证据主义的挑战。第二节分析讨论了支持证据主义的两个论证，它们分别立足于认知理由在信念的形成与持有中扮演的关键角色。第三节提出奠基论证，它比以往的论证更全面，也更有力。其关键内涵是，信念必须能够基于理由，而实用因素没法满足这一点。第四节援引干预主义因果观，完整地阐释了信念与理由之间的基于关系。第五节尝试将这种基于关系应用于行动领域。①

第一节　实用主义的挑战

人们对命题的认知态度有三种：相信、不相信与暂停判断。如果某个理由是认知理由，那么它肯定也是相信的理由。为便于讨论，笔者将论述的重点放在相信的理由之上，相同的论述也适用于其他两种认知态度。

实用主义的立场是相信的理由并不只有证据，某些非认知的实用因素也具有同样的证成效力。常见的实用因素包括形成并持有一个信念可能带来的好处，误信一个假命题可能带来的损失等。设想以下案例：

（甲）张三乘坐马航 MH370 回国，途中飞机失事，无一生还。然而，他的母亲无论如何都不愿意相信自己的儿子已经死了。如果她真的相信自己的儿子已经死了，很可能会活不下去，自寻短见。

① 伊朗哲学家哈米德·瓦希德（Hamid Vahid，2022）在最近的一篇论文中采用了与本书相似的策略为证据主义辩护。

她有理由相信自己的儿子还活着吗？

在案例甲中，无论是站在第三方还是张三母亲自身的视角，人们都会有这样的强烈直觉：张三的母亲有很强的，甚至是压倒性的理由相信自己儿子还活着。这个理由就是，如果她不这么信，就活不下去。但它不是证据，与信念的真假并不相关，这种理由是实践的或道德的。

在这里，实用主义者认为存在两种不同类型的相信的理由。第一种就是证据，它是与信念的真假相关的。第二种是证据之外的，与信念真假无关的实用因素。它可能是出于道德的，也可能是审慎的（prudential），甚至美学的等。判断一个信念是否合理，是否能够得到证成，就必须通盘考虑（all-thing-considered）所有这些理由。

证据主义者不接受这样的解读。认知活动的目的是获得真理，避免错误。因而，相信的理由必须是和信念的真假联系在一起的。当然，在某些特定情形之下，人们可能抛弃对真理的追求，转而追求其他。就如甲案例中，张三的母亲有充分的理由背弃真理，活下去对她而言是更紧迫的。但是，这样的理由并不是相信的理由，而是希望或是使得自己相信（want/make oneself believe）的理由。张三的母亲当然希望（并使得）自己相信儿子还活着。然而，这是一个意图或是行动。意图或行动的理由与相信的理由截然不同，它们是平行或异质的，根本没办法被放在一起比较。

认知活动的目的是获得真理，避免错误。这是否意味着相信的理由就只能是证据呢？答案是否定的。在某些特定情形下，非认知的实用因素对于人们实现认知目的意义重大。这在自我实现（self-fulfilling）的信念中体现得尤为突出：

（乙）李四是连续创业者，自从大学毕业之后，他就开始持续创业。创业是一种高风险活动，成功率只有不到10%。李四先后做过团购网站、共享单车、P2P等项目，全都失败了。现在李四重新出发，准备在电动汽车行业一展宏图。他有理由相信自己这次会成功吗?

考虑到李四以往失败的创业经历，以及创业活动本身的高风险特征，他最终成功的可能性并不高。那么，他有理由相信自己能够在电动汽车行业取得成功吗?当然有。因为这样的信念是自我实现的，即它能够使得自身为真，或者至少提高自身为真的可能性。如果相信的理由是那些能够帮助我们获得真理的东西，那么有时相信本身就具有这样的能力。相信 p 能够使得 p 更可能为真，这就是人们相信 p 的理由。这个理由也不是证据。因此，相信的理由不全是证据，这些自我实现的信念并不罕见，它在企业家、政治家、运动员，乃至科学家身上都时有展现。

相信 p 能够使得 p 更可能为真，证据主义者认为，这种成真模式是不自然的。一种隐喻的说法是，信念是朝向真的（aim at truth）。信念的符合方式（direction-of-fit）是从世界到心灵的，世界是什么样的，我们就相信什么。也就是说，信念是要去符合世界，而不是通过改变世界，使得外部世界与信念相符。因此，自我实现的信念不是典型的信念，而是一种不正常的信念。(刘小涛，2019)

第二节 因果论证与反思论证

实用主义的挑战来自方方面面，上一节的甲和乙只是两类比较典型的案例。证据主义可以逐一回应这些挑战，但是它也还需要一个正面的积极论证，来一揽子解决所有挑战。

证据主义者采取的策略之一是在理由的因果效力上做文章。证据能够使得人们相信它所支持的信念，然而实用因素不具备这样的因果效力。例如，人们不能因为一个信念会带来的巨大收益就相信它。设想这样一个心理学实验：实验员许诺实验对象，只要他们相信天空是绿色的，就给他们一万元人民币作为奖励。人们能够因为该奖励就相信天空是绿色的吗？答案是不能。这是一个心理学的事实，它是由人们的心理构造所决定的。同样，张三的母亲没法因为相信儿子死了自己就活不下去，就相信儿子还活着；李四没法因为相信本身可以带来成功，就相信自己能成功。相信的理由必须具备相应的因果效力，能够使得人们由于它而去相信。而只有证据能够促使人们形成相应的信念，实用因素并不具备这样的能力。因此，各种实用因素都不能成为相信的理由。

1. 相信的理由必须能够促使（cause）人们形成相应的信念。
2. 实用因素并不具备这样的因果效力。
3. 因此，实用因素不能成为相信的理由。

实用主义者并没有被这个论证说服。各种实用因素在信念形成的因果链条中扮演了不可或缺的角色。情况往往是这样的，人们对某个命题的真假很感兴趣，如果它是真的，可能会带来非常惊人的效益。例如，人类是否真的起源于非洲大陆？如果真是如此，那么势必改变人们对种族，甚至人类自身的看法。正因如此，人们花费大量人力物力去探索这个疑问，力图证实或否证它。最终，它得到了证实。现代 DNA 分析表明，现存人类的祖先都来自二十万年前的非洲大陆。如果人们对这个命题不感兴趣，它不是那么重要，那么人们就不会形成最终的信念。换言之，人们的兴趣、命题本身的重要性等，这些实用因素促使了信念的最终形成。

证据主义者的一种回应方式是调整前提 1。理由不仅仅能够促使人们形成信念，而且它必须是在理论推理中完成这一任务（Shah，2006）。理论推理也就是人们思考要不要相信一个命题的推理过程，它只受真假的约束。诚然，人们的许多信念都是由基本认知官能（如视觉官能）直接产生的，这其中或许并没有什么有意识的推理过程。但是，这并没有阻止相关的理由成为理论推理的前提。例如，有时人们会反思自己看到的到底是不是真的，这时候视觉经验也就可以成为理论推理的前提。实用因素只能在实践推理，即思考要不要这么做的推理活动中发挥作用。它没法充当理论推理的前提，促使人们形成信念。因此，实用因素不能成为相信的理由。

1. 相信的理由必须能够充当理论推理的前提，促使认知者形成信念。

2. 实用因素没法充当理论推理的前提。

3. 因此，实用因素不能成为相信的理由。

这种回应方式有其可取之处，但也存在两点不足。首先，它引入了理论推理与实践推理的区分，并将“要不要相信 p”这一任务完全归之于理论推理。实用主义者并不乐意接受这样的任务分配，为什么“要不要相信 p”不能在实践推理中解决？为什么“要不要相信 p”只受真假的约束？这就回到了争论的原点。另外，该论证只考察了理由在信念形成中扮演的角色，而完全忽视了信念的维持。有时，理由并没有在信念的形成中发挥作用，却体现在信念的维持中。例如，律师会先相信自己的辩护人无罪，而后再去搜集相关理由（证据）支持自己的看法。只要找到的理由够多够好，那么他的信念就可以因为这些理由而得以维持。尽管前提 1 考察的是成为理由的必要条件，但是增加信念维持的内容也会起到增强论证的效果。

理由必须能够体现在信念的维持中，这种想法催生了为证据主义辩护的另一种路径。持有一个信念是出于什么理由，怎样才能知道这一点呢？一部分证据主义者 认为，只有通过反思。对于任意一个信念，当人们反思自己相信它的理由之时，倘若发现其中全部或部分理由不是证据，而是各种实用因素。那么，人们就会重新考虑该命题，要么在证据的基础上继续相信它，要么由于认识到证据不足而抛弃它。换言之，相信的理由可以是实用因素，这种想法与人们对信念的理解是矛盾的。

1. S 相信 p。

2. S 相信自己相信 p 的部分理由不是证据，而是实用因素。

3. 1 与 2 是内在不一致的。

4. 因此，相信的理由不能是证据之外的实用因素。

如果某人既相信 p，又相信自己相信 p 的理由是：相信 p 对自己的生活有莫大好处，那么人们会怎么看待这种现象，作何评价呢？人们会说，他并没有理由去相信 p，他只是想去相信 p，愿意去相信 p 而已。这个第三方评价揭示了上述论证的关键所在。

实用主义者仍然没有被说服。反思自己相信 p 的理由，这需要高超的概念能力与反思技巧，婴幼儿、未经训练的普通人都不具备这样的能力。即便具有足够的反思能力，人们也并不总是会去思考自己相信的理由到底是什么。我们多数人都相信自己真的有手有脚，相信自己的父亲母亲都是好人，但很少人会去反思这些信念的理由到底是什么。

对此，证据主义者或许可以这样来反驳：未经反思的信念是不完整的、残缺的，真正的信念必须要经受反思考验。对于真正的信念，人们必须清楚自己的信念是什么，它的理由有哪些。然而，许多由认知官能产生的简单信念，如我眼前有一台笔记本电脑、今天是晴天等。我们都未曾思考它们的理由，难道因此这些都不是真正的信念？信念概念本身并没有要求这么多。此外，人们也不是总能够通过反思知道自己相信的真正理由是什么，预先的倾向或意愿在其中扮演的角色远比人们想象得更重要，这一点已经被各种心理学实验所证实。

第三节　奠基论证

因果论证与反思论证都是不成功的。因果论证失败的原因之一是没有考虑到理由在信念维持中的作用。如果补上这一环，该论证将会得到强化。反思论证抓住了理由在信念维持中扮演的关键角色，但误把这种关联理解为逻辑的或概念的。

如果有什么概念可以把握理由在信念的形成与持有中扮演的角色，“基于”（basing）是最恰当的选择。我们需要区分两种情况：一种是有充分理由，同时形成并持有某信念；另一种是有充分理由，并且由于这些理由（by virtue of）而形成并持有某信念。这两种情形并不是等价的，这是由于某人可能有（has）充分理由，却没有使用（use）这些理由。莱勒（Keith Lehrer，1971）曾提出过一个吉卜赛律师的例子，这个律师相信自己的代理人是无罪的，他也找到了为之辩护的充分证据（理由）。但他其实是用塔罗牌占卜的形式产生的信念，并且继续在占卜结果的基础上持有信念的。为区分这两种状况，我们就需要基于这个概念。一个信念得到证成，不仅仅要有充分理由的支持，还需要是基于这些理由的。如果 R 是相信的理由，那么人们必须能够基于 R 而形成并持有信念。凯利（Thomas Kelly）在 2002 年的一篇文章中用基于这个概念为证据主义做了如下辩护：

> 尽管一个人实际上相信什么，是受实用考量影响的，但是它们不能构成相信的基础……信念是否合理，是由那些它们所基于的因素决定的。（Kelly，2002）

我们不得不承认实用因素可以在信念的形成与持有中扮演重要角色，然而信念不能建立在实用因素的基础之上。人们不能基于实用因素而形成信念，信念也没法由于实用因素而得以维持。

这种信念与理由之间的基于关系是什么样的呢？首先，它是一种因果关系。人们正是因为理由而去形成并持有信念的；如果没有这些理由，人们就不会这样去相信。实用因素常常是信念形成与持有的因果链条中不可或缺的一环。正是这一点使得实用主义者产生了误解，误以为实用因素也可以成为相信的理由。其次，基于关系必须是恰当的因果关系。这是由于所有因果关系都面临着因果偏离（deviant causal chain）问题。

> （丙）王五在咖啡馆偶遇多年不见的前女友。他相信自己又见到了前女友，一时心绪难平，把手里的咖啡洒了出去。热咖啡烫到了自己的手，他随之相信自己被烫伤了。①

案例丙中，王五先后产生了两个信念，一是相信自己见到了前女友；二是相信自己被烫伤了，并且前者引起了后者。但是，无论证据主义者还是实用主义者，都不会认为前者是后者的理由，也不会认为后者是基于前者的。因此，基于关系必须是一种恰当的或未偏离的因果关系。凯利认为，实用主义者有责任说明实用因素与信念之间的因果关系也可以是恰当的、没有发生偏离的。在此之前，不能认为实用因素也可以成为相信的理由。

凯利明智地选择了“基于关系”作为回应实用主义的突破口，然而他的回应是比较薄弱的。第一，他试图通过把论证的负担（burden of proof）抛给对手而赢得这场争论，即实用主义者必须说明，实用因素与信念之间是可以存在恰当的因果关系的。第二，凯利没有明确这种恰当的因果关系是什么样的。我们可以在凯利的基础上更进一步，强调理由与信念之间是基于关系，而实用因素与信念之间不可能存在这种关系。

1. 信念必须能够基于理由。
2. 基于关系是一种恰当的因果关系。
3. 实用因素与信念之间不可能存在这种恰当的因果关系。
4. 因此，实用因素不能成为相信的理由。

---

① 这个案例改编自普兰丁格，其原案例参见（Plantinga，1993）。

为了完善这个论证，我们就必须说明什么是基于关系，即所谓恰当的因果关系是什么样的。对因果关系的刻画一直是哲学研究中聚讼不已的话题。可喜的是，哲学家们在近期取得了长足的进步。干预主义（Interventionism）是当前最有希望获得成功的因果理论，它为我们提供了一个令人满意的因果模型。借用这一理论框架，我们可以比较清楚地说明基于关系究竟是什么样的。

第四节　干预主义视野下的基于关系

干预主义是由伍德沃德（James Woodward）在2003年提出来的一种因果理论，能够很好地应对因果关系的“痼疾”，如因果偏离、多重决定等（Woodward，2003）。干预主义一经提出就引起了哲学理论界的广泛兴趣，并在形而上学、心灵哲学（陶焘，2014）等领域引起了一连串连锁反应。干预主义首先是一种因果操纵理论，它的基本想法是，如果c是e的原因，那么适当操纵c，就会引起e的变化。伍德沃德建议用“干预”（Intervention）来刻画这种适当操纵。所谓干预，就是在理想实验条件下，操纵一个或多个变量。例如，为研究c与e是否存在因果关系，我们引入对c的干预Ⅰ。干预Ⅰ必须能够改变c，并且只会改变c。它本身不能改变e，也不能通过c之外的变量来改变e。这样一来，我们就有：

> 如果c是e的原因，那么引入对c的干预Ⅰ，e会发生变化；反之亦然。（Woodward，2003）

干预主义处理的是变量的变化，而不是事件的发生与否。但是，这种转换并不困难。我们可以将某事的发生设定为1，不发生设定为0，诸如此类。为了用干预主义来处理信念的基于问题，我们还需要以下几个关键概念。第一个是直接原因（direct cause），它是一种原因的类型

(type)。我们将 X 和 Y 之外的所有变量都固定在某些特定值，如果对 X 引入干预 I，Y 将发生变化，那么我们就说 X 是 Y 的直接原因。第二个是因果路径（path），它是直接原因的连接。例如 X 是 Y 的直接原因，Y 是 Z 的直接原因，那么这里就有因果路径（X-Y-Z）。第三个概念是冗余区域（redundancy range），V_1，$V_2 \ldots V_n$ 是因果路径 P（从 X 到 Y）之外的所有变量，如果把 X 固定在真实值（actual value），任何把 V_1，$V_2 \ldots Vn$ 设置为 v_1，v_2，$\ldots v_n$ 的干预都不会改变 P 上的变量，那么我们就说 v_1，$v_2 \ldots v_n$ 就是在 P 的冗余区域上。这里，我们希望刻画的是，某条因果路径外的变量不对路径上的变量产生影响。最后一个概念是真实原因（actual cause），这不是一个原因的类别（type），而是具体案例中的原因（token）。假定 X 的真实值是 x，Y 的真实值是 y。如果我们把从 X 到 Y 的因果路径 P 之外的所有变量都固定在其冗余区域，存在某干预 I 改变 X，Y 将会改变，那么我们就说 X = x 是 Y = y 的真实原因，简称 X 是 Y 的真实原因。

这些概念是如何发挥作用的呢？我们来看一下具体案例：

> （丁）房间里充满了氧气，赵六想点燃打火机放火，但是打火机失灵了。同一时刻，房间里的电路短路，引起了火花，最终整个房间都着火了。(McCain，2012)

在案例丁中，涉及的变量总共有五个：打火机是否正常工作（D），电路是否短路（S），电路短路是否产生火花（K），房间里是否充满氧气（O），房间是否着火（F）。

把真实情况设置为 D = 0，S = 1，K = 1，O = 1，F = 1。

房间是否着火（F）的直接原因有哪些呢？我们先来看看 D，设置 S = 0，K = 0，O = 1，即电路没有发生短路，也无火花产生，同时房间里充满氧气。这样一来，如果引入干预 I 改变 D，F 将会改变。打火机正常工作，房间就会着火。打火机不正常工作，房间就不会着火。所以,D 是 F 的直接原因。按照同样的方式,我们还可以知道 K 和 O 也是 F 的直接原因。S 则不是 F 的直接原因,这是由于一旦固定 K,不管 S 怎么变化,F 都不会改变。

房屋着火(F=1)的真实原因有哪些呢?因果路径(D-F)之外的变量有 S、K 和 O,它们的真实值(S=1,K=1,O=1)是在 D-F 的冗余区域上的。不管怎么改变 D,F 都不会发生任何改变,房间里总是会着火。所以,D=0 并不是 F=1 的真实原因。我们把因果路径 S-K-F 之外的 O 和 D 设置在其冗余区域(O=1,D=0),那么我们改变 S,F 也将会改变。所以,S=1 是 F=1 的真实原因。同样,O=1,K=1 也是 F=1 的真实原因。

有了以上这些准备之后,我们就可以给出一个基于关系的说明。如果信念 B 是基于理由 R 的,那么必须满足以下两个条件(IB):

(1) R 是 B 的直接原因;

(2) R 是 B 的真实原因。

有了 IB 后,我们再回过头去处理之前的因果偏离案例丙。在丙中,变量总共有四个:王五是否相信自己见到了前女友(B1),王五是否把热咖啡洒在自己腿上(S),王五是否感觉到自己被烫伤(E),王五是否相信自己被烫伤(B2)。

把真实情况设置为 B1=1,S=1,E=1,B2=1。

这里面只有一条因果路径,即 B1-A-E-B2。如果有干预 I 改变 B1,那么 B2 也会改变。所以,B1=1 是 B2=1 的真实原因,即王五的前一信念是后一信念的真实原因。干预主义正确地认定,王五相信自己看见了前女友因果导致了他相信自己被烫伤。

然而,B1 并不是 B2 的直接原因。只要我们把 E 固定住(0 或 1),那么不管 B1 如何变化,都不会影响 B2 的值。这里面的直接原因有且只有一个,那就是 E。因此,B1 是 B2 的真实原因,但不是直接原因。

所以，B1 不是 B2 的理由。这样，IB 对因果偏离的丙案例做出了正确的说明。同时，只有 E 既是 B2 的直接原因，又是真实原因。所以，B2 的理由只有一个，那就是 E。IB 也对经验的证据作用做出了恰如其分的说明。

如果 IB 是对的，那么实用因素就不可能成为相信的理由，信念没法基于各种实用因素。这是因为，实用因素可以成为相信的真实原因，但没法成为相信的直接原因。人们可以通过寻找证据来实现自己的目的，使得自己相信或不相信什么，但没法直接由于想去相信而获得相应的信念。因此，完整的奠基论证就是：

1. 信念必须能够基于理由。
2. 基于关系是一种恰当的因果关系，即如果信念 B 是基于理由 R 的，那么 R 必须既是 B 的直接原因，又是 B 的真实原因。
3. 实用因素可以成为信念的真实原因，但没法成为信念的直接原因。
4. 因而，信念并不能基于实用因素。
5. 所以，实用因素不能成为相信的理由。

一种可能的反驳是，一厢情愿（wishful-thinking）时有发生，人们可以因为想去相信 p，而直接相信 p。这种情形之下，实用因素既是信念的真实原因，又是直接原因。按照 IB，它也就是相信的理由。

这种反驳其实是对一厢情愿的误解。一厢情愿并不是因为想去相信 p，而直接获得信念 p，而是一套发生故障的认知机制。它表现为忽略某些关键证据，抬高或贬低某些证据的权重等。在这种认知故障中，实用因素其实是通过证据发挥了因果效力，使得人们相信了自己愿意去相信的命题。因此，实用因素仍然不是相信的直接原因。

到此为止，本书用干预主义因果理论清楚阐释了到底什么是基于关系，完善并加强了凯利最初所设想的奠基论证。它是正面积极的，而不是靠推卸证明责任而宣称获胜。当然，IB 可能并不是最理想的对基于关系的说明，这一点我们会在下一节看到。但是，它为之后的讨论奠定了基础。并且，在实用主义者给出一份新的对基于关系的说明之前，我们有足够充分的理由坚持证据主义。这样的新说明必须同时满足以下三个条件：（1）能够容纳实用因素作为相信的理由；（2）可以排除因果偏离现象；（3）继续承诺证据可以作为相信的理由。实用主义者能否给出这样一份新说明呢？笔者对此持悲观态度。

第五节　展望：行动之理由

信念与理由之间的基于关系可以由 IB 来刻画。行动也是可以基于理由的，尽管这种理由不是证据，而是一些实用因素。那么，行动与理由之间的基于关系是否同样符合 IB 呢？人们有理由这样期许。然而，令人遗憾的是，IB 没有满足这种预期。

如果 IB 同样适用于行动领域，行动 A 是基于理由 R 的，那么 R 必须既是 A 的直接原因，又是 A 的真实原因。但是，这一要求与行动领域的主流模型 BDI（信念—欲求—意图）并不吻合。按照 BDI 模型，一个行动的直接原因只能是实现它的意图，这就把信念、欲求排除在行动的理由之外了。（Bratman，1987）这不是我们希望得到的结果。面对这种状况，有两种可能：一是行动与信念是非常不同的，而且这种差异使得它们与理由的基于关系没法满足同一形式的刻画；另一种可能是 IB 是不恰当的，它要求太高了。

我们先来看第一种可能。行动与信念当然是非常不同的，例如行动会改变世界，而信念（本身）不会。但是，仅仅这两者之间存在差异还是不够。我们还要说明的是，这种差异是怎么引起基于关系的不一致的，这才是真正的困难所在。

第二种可能是 IB 要求太高了。基于关系可能并不要求理由是信念或行动的直接原因。存在其他条件 X，使得行动、信念与理由之间的基于关系满足同一刻画形式，并且能够在各自领域排除因果偏离等现象。笔者目前倾向于这种可能，但对这种弱化的条件 X 是什么样的，并没有什么头绪，还需要进一步研究。这种研究对我们理解行动与信念，理解理性都有重大价值。如果这种努力最终被证明是失败的，那么我们只能回到第一种可能，用行动与信念之间的差异来说明这种努力何以注定是失败的。

参考文献

一　中文译著

［古罗马］奥古斯丁：《忏悔录》，周士良译，商务印书馆 2009 年版。

［古罗马］卢克莱修：《物性论》，方书春译，商务印书馆 1981 年版。

［美］厄内斯特·索萨：《判断与能动性》，方红庆译，人民大学出版社 2019 年版。

［美］鲁道夫·卡尔纳普：《卡尔纳普思想自述》，陈晓山、涂敏译，上海译文出版社 1985 年版。

［美］托马斯·库恩：《科学革命的结构》，张卜天译，北京大学出版社 2022 年版。

［美］希拉里·普特南：《理性、真理与历史》，童世骏、李光程译，上海译文出版社 2005 年版。

［美］小西奥多·希克、刘易斯·沃恩：《做哲学：88 个思想实验中的哲学导论》，柴伟佳、龚皓译，北京联合出版公司 2018 年版。

［美］约瑟夫·拉兹：《论排他性理由》，琚铁亚译，《中国社会科学院大学学报》2022 年第 3 期。

［英］蒂摩西·威廉姆森：《知识及其限度》，刘占峰、陈丽译，人民出版社 2013 年版。

［英］约翰·奥斯汀：《感觉与可感物》，陈嘉映译，华夏出版社 2010 年版。

二　期刊报纸

曹剑波：《“坚信”还是“轻信”：证据主义的困境与出路》，《学术月刊》2010 年第 5 期。

陈波：《罗素的逻辑学和分析哲学——为纪念罗素访华一百周年而作》，《北京大学学报》（哲学社会科学版）2020 年第 3 期。

陈英涛：《确证、证据、怀疑——评费德曼与柯内的新证据主义》，《哲学动态》2011 年第 3 期。

陈莹：《证据与确证：证据主义的认识论重构》，博士学位论文，浙江大学，2012 年。

费多益：《实验哲学：一个尴尬的概念》，《哲学分析》2020 年第 1 期。

费多益：《知识的确证与心灵的限度》，《自然辩证法研究》2015 年第 11 期。

胡传鹏等：《心理学研究中的可重复性问题：从危机到契机》，《心理科学进展》2016 年第 9 期。

胡中俊：《使真关系的四种理解》，《逻辑学研究》2018 年第 11 期。

胡星铭：《评 Conee 和 Feldman 的证据主义》，《逻辑学动态与评论》2022 年第 1 期。

黄河云：《伽利略比萨斜塔实验的真伪争论史》，《自然辩证法研究》2022 年第 5 期。

刘品新：《电子证据的理论基础》，《国家检察官学院学报》2017 年第 1 期。

刘淘宁：《论“证据的证据是证据”原则的传递性解读》，《自然辩证法研究》第 7 期。

刘小涛：《信念何以瞄准真理?》，《现代哲学》2019 年第 6 期。

马蹄疾：《新发现胡适的两封书信》，《新文学史料》1991 年第 4 期。

梅剑华：《实验哲学的四重证据法》，《中国人民大学学报》2023 年第 2 期。

舒卓、陆俏颖：《高阶证据与认知合理性》，《自然辩证法研究》2023 年第 9 期。

舒卓、朱菁：《证据是心理状态吗?》，《自然辩证法研究》2018 年第 5 期。

舒卓、朱菁：《证据与信念的伦理学》，《哲学研究》2014 年第 4 期。

舒卓：《捍卫认知自由》，《哲学评论》2022 年第 2 期。

舒卓：《理由与证据》，《自然辩证法研究》2019 年第 3 期。

舒卓：《证据是命题吗?》，《科学技术哲学研究》2022 年第 5 期。

陶焘：《干预主义因果理论与因果排斥问题》，《自然辩证法研究》2014 年第 9 期。

王聚：《当代德性知识论视域中的理智美德——以理智谦逊为例》，《厦门大学学报》（哲学社会科学版）2019 年第 1 期。

王聚：《来自谬误的推理知识》，《哲学研究》2020 年第 10 期。

王聚：《无限主义与阿格里帕三难问题》，《自然辩证法研究》2018 年第 2 期。

王晓阳：《物理主义不等于物理学主义》，《学术月刊》2020 年第 5 期。

翁永坤、朱菁：《解释、预测与科学理论的接受》，《自然辩证法研究》2015 年第 5 期。

徐向东、陈玮：《境况与美德——亚里士多德道德心理学对境况主义挑战的回应》，《中国社会科学》2019 年第 3 期。

郁振华：《再论亲知——从罗素到凯农》，《华东师范大学学报》（哲学社会科学版）2010 年第 4 期。

张继成：《命题获得证据地位的内在逻辑》，《中国法学》2011 年第 4 期。

张继成：《事实、命题与证据》，《中国社会科学》2001 年第 5 期。

张丽、熊声波：《威廉姆森对命题性证据的论证及其困难》，《自然辩证法研究》2018 年第 12 期。

朱菁、卢耀俊：《从唯物主义到物理主义》，《自然辩证法通讯》2013 年第 3 期。

三　外文文献

Alexander Arnold, "Some Evidence Is False", *Australasian Journal of Phi-*

losophy, Vol. 91, No. 1, 2013.

Alfred Jules Ayer, *Philosophy in the Twentieth Century*, New York: Vintage Books, 1982.

Alvin Goldman, "Toward a Synthesis of Reliabilism and Evidentialism? Or: Evidentialism's Troubles, Reliabilism's Rescue Package", in Trent Doutherty, ed., *Evidentialism and Its Discontents*, Oxford: Oxford University Press, 2011.

Alvin Plantinga, *Warrant: The Current Debate*, New York: Oxford University Press, 1993.

Andrew Chignell, "The Ethics of Belief", in Edward N. Zalta, ed., *The Stanford Encyclopedia of Philosophy*, Spring 2018, URL = 〈https://plato.stanford.edu/archives/spr2018/entries/ethics-belief/〉.

Brand Blanshard, *Reason and Belief*, New Haven: Yale University Press, 1974.

Clayton Littlejohn, "No Evidence Is False", *Acta Analytica*, Vol. 28, No. 2, 2013.

Clayton Littlejohn, *Justification and The Truth-Connection*, Cambridge: Cambridge University Press, 2012.

Daniel Dennett, "What Robomary Knows", in Torin Andrew Alter and Sven Walter, eds., *Phenomenal Concepts and Phenomenal Knowledge: New Essays on Consciousness and Physicalism*, New York: Oxford University Press, 2006.

Daniel Whiting, "Higher-Order Evidence", *Analysis*, Vol. 80, No. 4, 2021.

David Bourget and David J. Chalmers, "Philosophers on Philosophy: The 2020 PhilPapers Survey", *Philosophers' Imprint*, Vol. 23, No. 11, 2023.

David Bourget and David J. Chalmers, "What Do Philosophers Believe?" *Philosophical Studies*, Vol. 170, No. 3, 2014.

David Christensen, "Higher-Order Evidence", *Philosophy and Phenomenological Research*, Vol. LXXXI, No. 1, 2010.

Earl Conee and Richard Feldman, "Evidence", in Quentin Smith, ed. , *Epistemology: New Essays*, New York: Oxford University Press, 2008.

Earl Conee and Richard Feldman, "Replies", in Trent Doutherty, ed. , *Evidentialism and Its Discontents*, Oxford: Oxford University Press, 2011.

Earl Conee and Richard Feldman, *Evidentialism: Essays in Epistemology*, New York: Oxford University Press, 2004.

ElkeBrendel, " Intuition Pumps and the Proper Use of Thought Experiments", *Dialectica*, Vol. 58, No. 1, 2004.

Eric Schwitzgebel, "The Nature of Belief From a Philosophical Perspective, with Theoretical and Methodological Implications for Psychology and Cognitive Science", *Frontiers in Psychology*, Vol. 13, 2022.

Ernest Sosa, "The Raft and the Pyramid: Coherence versus Foundations in the Theory of Knowledge", *Midwest Studies in Philosophy*, Vol. 5, No. 1, 1980.

Fei Duoyi, *Beyond the Brain: How the Mind and the Body Shape Each Other*, Singapore: Springer Nature Singapore, 2023.

Felipe De Brigard, "The Explanatory Indispensability of Memory Traces", *The Harvard Review of Philosophy*, Vol. 27, 2020.

Frank Jackson, "What Mary Didn't Know", *Journal of Philosophy*, Vol. 83, No. 5, 1986.

Hamid Vahid, "No Practical Reasons for Belief: The Epistemic Significance of Practical Considerations", *Synthese*, Vol 200, No. 2, 2022.

Hubert Dreyfus, *What Computers Still Can't Do: A Critique of Artificial Reason*, Cambridge, M. A: The MIT Press, 1992.

Jack Lyons, "Should Reliabilists Be Worried About Demon Worlds?" *Philosophy and Phenomenological Research*, Vol. 86, No. 1, 2013.

Jaegwon Kim, "What Is 'Naturalized Epistemology?'" *Philosophical Perspectives*, Vol. 2, 1988.

James Robert Brown, "Peeking Into Plato's Heaven", *Philosophy of Science*, Vol. 71, No. 5, 2004.

James Robert Brown, "Thought Experiments", in William Newton-Smith, ed., *A Companion to the Philosophy of Science*, Malden, Mass.: Blackwell, 2017.

James Robert Brown, "Why Thought Experiments Transcend Experience", in Christopher Hitchcock, ed., *Contemporary Debates in Philosophy of Science*, Malden, MA: Blackwell, 2004.

James Robert Brown, *The Laboratory of the Mind: Thought Experiments in the Natural Sciences*, New York: Routledge, 1991.

James Woodward, *Making Thing Happen*, New York: Oxford University Press, 2003.

Jason Baehr, "Evidentialism, Vice, and Virtue", *Philosophy and Phenomenological Research*, Vol. 78, No. 3, 2009.

John Norton, "Are Thought Experiments Just What You Thought?" *Canadian Journal of Philosophy*, Vol. 26, No. 3, 1996.

John Turri, "The Ontology of Epistemic Reasons", *Noûs*, Vol. 43, No. 3, 2009.

Joshua DiPaolo, "Higher-Order Defeat Is Object-Independent", *Pacific Philosophical Quarterly*, Vol. 99, No. 2, 2018.

Joshua Knobe, "What Is Experimental Philosophy?" *The Philosophers' Magazine*, Vol. 28, 2004.

Juan Comesaña, "Evidentialist Reliabilism", *Noûs*, Vol. 4, No. 44, 2010.

Keith Lehrer, "How Reasons Give Us Knowledge, or the Case of the Gypsy Lawyer", *Journal of Philosophy*, Vol. 68, No. 10, 1971.

Kevin McCain, "Undaunted Explanationism", *Logos and Episteme*, Vol. 8, No. 1, 2017.

Kevin McCain, *Evidentialism and Epistemic Justification*, New York: Routledge, 2014.

Lea Cantor, "Thales-the 'First Philosopher'? A Troubled Chapter in the Historiography of Philosophy", *British Journal for the History of Philosophy*, Vol. 30, No. 5, 2022.

Maria Lasonen-Aarnio, "Higher-Order Evidence and the Limits of Defeat", *Philosophy and Phenomenological Research*, Vol. 88, No. 2, 2014.

Mark Alfano, "Expanding the Situationist Challenge to Responsibilist Virtue Epistemology", *Philosophical Quarterly*, Vol. 62, No. 247, 2012.

Michael Bratman, *Intention, Plans, and Practical Reason*, Cambridge, MA: Harvard University Press, 1987.

Nancy Nersessian, "Cognitive Science, Mental Modeling, and Thought Experiments", in Michael T. Stuart et al., eds., *The Routledge Companion to Thought Experiments*, London: Routledge, 2018.

Nathan Ballantyne, "Epistemic trespassing", *Mind*, Vol. 128, No. 510, 2019.

Nathan Ballantyne, "The Significance of Unpossessed Evidence", *The Philosophical Quarterly*, Vol. 65, No. 260, 2015, 315 – 335.

Nishi Shah, "A New Argument for Evidentialism", *The Philosophical Quarterly*, Vol. 56, No. 225, 2006.

Patrick Rysiew, "Making It Evident: Evidence and Evidentness, Justification, and Belief", in Trent Dougherty, ed., *Evidentialism and Its Discontents*, Oxford: Oxford University Press, 2011.

Paul Kirk, *Crime Investigation: Physical Evidence and the Police Laboratory*, New York: Interscience Publishers Inc., 1953.

Paul Thagard, "Thought Experiments Considered Harmful", *Perspectives on Science*, Vol. 22, No. 2, 2014.

Peter Achinstein, *Evidence, Explanation, and Realism: Essays in the Philosophy of Science*, New York: Oxford University Press, 2010.

Ram Neta, "What Evidence Do You Have?" *British Journal for the Philoso-*

phy of Science, Vol. 59, No. 1, 2008.

Richard Feldman, "Clifford's Principle and James's Options", *Social Epistemology*, Vol. 20, No. 1, 2006.

Roberto Casati and Achille Varzi, "Events", in Edward N. Zalta and Uri Nodelman, eds., *The Stanford Encyclopedia of Philosophy*, Fall 2023, URL = 〈https://plato.stanford.edu/archives/fall2023/entries/events/〉.

Robin Collins, "Against the Epistemic Value of Prediction Over Accommodation", *Noûs*, Vol. 28, No. 2, 1994.

Roy Sorensen, *Thought Experiments*, New York: Oxford University Press, 1992.

Rudolf Carnap, *Logic Foundations of Probability*, Chicago: The University of Chicago Press, 1962.

Scott Aikin, "Evidentialism and James' Argument From Friendship", *Southwest Philosophy Review*, Vol. 24, No. 1, 2008.

Taylor Matthews, "Deepfakes, Fake Barns, and Knowledge from Videos", *Synthese*, Vol. 201, No. 2, 2023.

Thomas Grundmann, "Platonism and the A priori in Thought Experiments", in Michael T. Stuart et al., eds., *The Routledge Companion to Thought Experiments*, London: Routledge, 2018.

Thomas Kelly, "Evidence", in Edward N. Zalta, ed., *The Stanford Encyclopedia of Philosophy*, Winter 2016, URL = 〈https://plato.stanford.edu/archives/win2016/entries/evidence/〉.

Thomas Kelly, "Peer Disagreement and Higher-Order Evidence", in Richard Feldman and Ted A. Warfield, eds., *Disagreement*, Oxford: Oxford University Press, 2010.

Thomas Kelly, "The Epistemic Significance of Disagreement", in Tamar Szabó Gendler and John Hawthorne, eds., *Oxford Studies in Epistemology (Volume 1)*, Oxford University Press, 2005.

Thomas Kuhn, "A Function for Thought Experiments", in Thomas Kuhn, ed., *The Essential Tension: Selected Studies in Scientific Tradition and Change*, Chicago: University of Chicago Press, 1964.

Timothy Madigan, *W. K. Clifford and "The ethics of belief"*, Newcastle: Cambridge Scholars Press, 2008.

Timothy McGrew, "Evidence", in Sven Bernecker and Duncan Pritchard, eds., *The Routledge Companion to Epistemology*, New York: Routledge, 2011.

Timothy Williamson, *Knowledge and Its Limits*, Oxford: Oxford University Press, 2000.

Trent Dougherty, "In Defense of Propositionalism About Evidence", in Trent Doutherty, ed., *Evidentialism and Its Discontents*, Oxford: Oxford University Press, 2011.

Veli Mitova, "Truthy Psychologism about Evidence", *Philosophical Studies*, Vol. 172, No. 4, 2015.

Willard Van Orman Quine, "Epistemology Naturalized", in Willard Van Orman Quine, ed., *Ontological Relativity and Other Essays*, New York: Columbia University Press, 1969.

Willard Van Orman Quine, *From Stimulus to Science*, Cambridge, Mass.: Harvard University Press, 1997.

William C. Wimsatt, *Re-Engineering Philosophy for Limited Beings: Piecewise Approximations to Reality*, Cambridge, Mass.: Harvard University Press, 2007.

William James, "The Will to Believe", *The Philosophers' Magazine*, Vol. 1, No. 1, 1997.

William Kingdon Clifford, *The Ethics of Belief and Other Essays*, in Timothy Madigan, ed., Amherst, N. Y.: Prometheus Books, 1999.

Ye Ru, *Higher-Order Evidence and Calibrationism*, Cambridge: Cambridge University Press, 2023.

后　记

有些人天资聪颖，从事哲学乃是“老天爷赏饭吃”。我肯定不是。我能从事哲学工作，一是侥幸，二要归功于教导我的诸位师长。感谢我的博士生导师朱菁教授、硕士生导师黄敏教授，以及在中山大学教导我的李平、翟振明、邓伟生、谭笑、周振忠、李大超等诸位师长。

本书脱胎于我的博士论文。朱菁教授有一个很简单而又高明的想法：证据是物理痕迹。在他指导下，我磕磕碰碰完成了博士论文，回到家乡的浙江工业大学任教。我知道自己的工作还有很多欠缺，这个高明的想法在我的论证下还不够精彩，明珠仍欠打磨。其中的一个关键缺失是，证据物理痕迹说怎样与具体的科学活动结合起来。在物理学领域有很好的题材。2014 年，天文学家宣布在宇宙微波背景辐射中发现了 B 模式偏振，这被视为原初引力波在宇宙微波背景辐射中的特殊痕迹，也因此是广义相对论的重要证据。再有，在认知科学范围内，物理痕迹是怎样真正起作用的。我曾经的一个想法是去研究记忆痕迹。可惜没能完成。这也使得本书更多的是哲学思辨，而少了哲学与科学的水乳交融。

本书一共有七章，其中的五章内容已经在《哲学研究》《自然辩证法研究》《科学技术哲学研究》等刊物发表。为了使全书更加融贯，我修改了部分内容。我的硕士研究生万玙阳校对了全书，提供了不少修改意见。本书受到了教育部人文社科青年项目“哲学视域下的证据本性问题研究”（18YJC720018）、浙江工业大学人文社科基本科研业务费优秀青年学者专项“证据的多元主义研究”，以及我所在单位浙江省舆情中心、浙江工业大学马克思主义学院的资助。出版过程中，还得到了中国社会科学出版社的朱华彬、责编刘亚楠的大力帮助。在此一并致谢！

舒　卓

2024 年 5 月于仁和楼